KB182949

글 이수정

우연히 접한 학습 만화의 매력에 푹 빠져서 어려운 내용을 어린이들의 눈높이에 맞게 쉽고 재미있게 설명할 수 있는 학습 만화 시나리오를 쓰게 되었습니다. 겉으로 보이는 위인들의 훌륭한 면뿐만 아니라 숨겨진 노력과 열정을 찾아내어 감동적인 이야기를 만들기 위해 노력합니다.

그림 스튜디오 청비

기발한 상상력을 바탕으로 새롭고 재미있는 콘텐츠를 만들어 내는 만화 창작 집단입니다. 어린이들이 책을 읽고 큰 꿈을 품기를 바라는 마음으로 즐겁게 작업하고 있습니다. 작품으로 《성철 스님》, 《아 다르고 어 다른 우리말 101가지》, 《반기문 유엔 사무총장의 꿈과 도전》 등이 있습니다.

감수 경기초등사회과연구회
진로 탐색 감수 이랑(한국고용정보원 전임연구원)
추천 송인섭(숙명 여자 대학교 명예 교수)

김대중

개정판 1쇄 인쇄 2024년 11월 15일
개정판 1쇄 발행 2025년 1월 1일

글 이수정 **그림** 스튜디오 청비

펴낸이 김선식
펴낸곳 다산북스

부사장 김은영
어린이사업부총괄이사 이유남
책임편집 박세미 **디자인** 김은지 **책임마케터** 김희연
어린이콘텐츠사업1팀장 박정민 **어린이콘텐츠사업1팀** 김은지 박세미 강푸른
마케팅본부장 권장규 **마케팅3팀** 최민용 안호성 박상준 김희연
편집관리팀 조세현 김호주 백설희 **저작권팀** 이슬 윤제희 **제휴홍보팀** 류승은 문윤정 이예주
재무관리팀 하미선 김재경 임혜정 이슬기 김주영 오지수
인사총무팀 강미숙 이정환 김혜진 황종원
제작관리팀 이소현 김소영 김진경 최완규 이지우 박예찬
물류관리팀 김형기 김선민 주정훈 김선진 한유현 전태연 양문현 이민운

출판등록 2005년 12월 23일 제313-2005-00277호
주소 경기도 파주시 회동길 490
전화 02-704-1724 팩스 02-703-2219
다산어린이 카페 cafe.naver.com/dasankids 다산어린이 블로그 blog.naver.com/stdasan
종이 신승NC 인쇄 북토리 코팅 및 후가공 평창피앤지 제본 대원바인더리

ISBN 979-11-306-5814-8 14990

• 책값은 표지 뒤쪽에 있습니다.
• 파본은 본사와 구입하신 서점에서 교환해 드립니다.
• 이 책은 저작권법에 의하여 보호를 받는 저작물이므로 무단 전재와 복제를 금합니다.
• 이 책에 실린 사진의 출처는 셔터스톡, 위키피디아, 연합뉴스 등입니다.

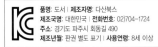

품명: 도서 | **제조자명**: 다산북스
제조국명: 대한민국 | **전화번호**: 02)704-1724
주소: 경기도 파주시 회동길 490
제조년월: 판권 별도 표기 **사용연령**: 8세 이상

※ KC마크는 이 제품이 공통안전기준에 적합하였음을 의미합니다.

김대중
Kim Daejung

다산
어린이

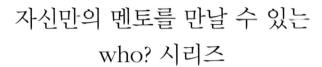

자신만의 멘토를 만날 수 있는
who? 시리즈

　다산어린이의 〈who?〉 시리즈는 어린이들은 물론 어른들에게도 재미와
감동을 주는 교양 만화입니다. 〈who?〉 시리즈는 전 세계 인류에 영향력을
끼친 인물들로 구성되었으며 인물들의 삶과 사상을 객관적으로 전해
줍니다.

　이처럼 다양한 나라와 분야에서 활약한 위인들의 이야기를 통해 과학,
예술, 정치, 사상에 관한 정보는 물론이고, 나라별 문화와 역사까지 배우게
될 것입니다. 〈who?〉 시리즈의 가장 큰 장점은 위인들이 그들의 삶에서
겪은 기쁨과 슬픔, 좌절과 시련, 감동을 어린이들이 함께 느낄 수 있다는
것입니다. 어린이들은 이 책을 읽으면서 폭넓은 감수성을 함양하게 됩니다.

　〈who?〉 시리즈의 어린이 독자들이 책 속의 위인들을 통해 자신만의
멘토를 만나 미래의 세계적인 리더로 성장하기를 진심으로 응원합니다.

존 덩컨 미국 UCLA 동아시아학부 교수

존 덩컨(John B. Duncan) 교수는 한국학 분야의 세계적인 석학으로
미국 UCLA 한국학 연구소 소장 및 동 대학의 동아시아학부 교수를
겸직하고 있습니다. 하버드 대학교 교환 교수와 고려 대학교 해외
교육 프로그램 연구센터장을 역임했으며, 주요 저서로는
《조선 왕조의 기원》,《조선 왕조의 시민 행정의 제도적 기초》 등이
있습니다.

세상을 더 나은 곳으로 만든 사람들의 이야기

어린이들은 자라면서 수많은 궁금증을 가지게 됩니다. 그중에서도 "저 사람은 누굴까?"라는 질문은 종종 아이들의 머릿속을 온통 지배해 버리기도 합니다. 다산어린이에서 출간된 〈who?〉 시리즈는 그런 궁금증을 해결해 주기 위해 지구촌 다양한 분야의 리더들을 소개하고 있습니다.

〈who?〉 시리즈에 등장하는 인물들은 인종과 성별을 넘어 세상을 더 나은 곳으로 만든 사람들입니다. 어린이들은 이 책에서 디지털 아이콘으로 불리는 스티브 잡스는 물론 니콜라 테슬라와 같은 천재 발명가를 만날 수 있습니다.

책 속 주인공들의 어린 시절 이야기를 통해 기쁨과 슬픔, 도전과 성취감을 함께 맛보고, 그들과 함께 성장하면서 스스로 창조적이고 인류에 도움이 되는 사람이 되겠다는 포부와 자신감을 갖게 될 것입니다.

〈who?〉 시리즈 속에서 다채롭고 생동감 넘치는 위인들의 이야기를 만나 보세요.

에드워드 슐츠 하와이 주립 대학교 언어학부 교수

에드워드 슐츠(Edward J. Shultz) 하와이 주립 대학교 언어학부 교수는 동 대학의 한국학센터 한국학 편집장을 역임한 세계적인 석학입니다. 평화봉사단 활동의 하나로 한국에서 영어 교사로 근무한 경험이 있으며, 현재 한국과 미국, 일본을 오가며 활발한 활동을 펼치고 있습니다. 저서로는 《중세 한국의 학자와 군사령관》, 《김부식과 삼국사기》 등이 있고, 한국 중세사와 정치에 대한 다수의 기고문을 출간했습니다.

미래 설계의 힘을 얻는 길이
여기에 있습니다

어린이가 성장하는 시기에는 스스로 미래를 설계하며 다양한 책을
접하는 경험이 필요합니다.

어린 시절 만난 한 권의 책이 인생에 미치는 영향이 얼마나 큰지는
꿈을 이룬 사람들의 말을 통해서 알 수 있습니다. 빌 게이츠는 오늘날
자신을 만든 것은 동네의 작은 도서관이었다고 말하고, 오프라 윈프리는
어린 시절 유일한 친구는 책이었음을 고백하며 독서의 중요성에 대해
이야기합니다.

꿈을 이룬 사람들의 공통점은 또 있습니다. 그들에게는 어린 시절,
마음속에 품은 롤 모델이 있었습니다. 여러분의 롤 모델은 누구인가요?
〈who?〉 시리즈에서는 현재 우리 어린이들이 가장 닮고 싶어하는 롤
모델을 만날 수 있습니다. 버락 오바마, 빌 게이츠, 조앤 롤링, 스티브
잡스 등 세상을 바꾼 사람들의 감동적인 이야기를 담은 〈who?〉 시리즈는
어린이들이 구체적인 목표를 설정하고 희망찬 비전을 세울 수 있도록
도와줄 친구이면서 안내자입니다. 〈who?〉 시리즈를 통하여 자신의 인생
모델을 찾고 미래 설계의 힘을 얻을 수 있습니다.

송인섭 숙명 여자 대학교 명예 교수

숙명 여자 대학교 명예 교수이자 한국영재교육학회 회장으로
자기주도학습 분야의 최고 권위자입니다. 한국교육심리연구회
회장, 한국교육평가학회장, 한국영재연구원 원장을 역임했습니다.
자기주도학습과 영재 교육의 이론을 실제 교육 현장에 적용하기 위해
노력하고 있습니다.

평생을 이끌어 줄
최고의 멘토를 만날 수 있는 책

　　10대에 가장 중요한 것은 무엇일까요? 학과 공부와 입시일까요?
우리나라 최초의 국제회의 통역사로 30년 동안 활동하면서 글로벌
리더들을 만날 기회가 수없이 많았던 저는 대한민국의 초등학생들에게
특별한 조언을 해 주고 싶습니다. 그것은 큰 꿈을 가지는 것이 무엇보다
중요하다는 것입니다.

　　꿈은 힘들고 지칠 때 나를 이끌어 주는 힘이고 내 인생의 주인이 되어
일어설 수 있게 하는 원동력이 되어 줍니다. 꿈이 있는 아이가 공부도
잘하고 결국 그 꿈을 실현할 수 있게 되는 것입니다. 저 역시 어린 시절
품었던 꿈이 지금의 자리에 있게 한 원동력이었습니다. 남들이 모르는 큰
꿈을 마음속에 간직하고 있었기에 괴롭고 힘들어도 포기하지 않고 다시
일어설 수 있었습니다.

　　어린 시절 저에게도 힘들고 지칠 때마다 용기를 불어넣어 주고
힘이 되어 주었던 분들이 있었습니다. 지금의 자리로 저를 이끌어 준
멘토들처럼 〈who?〉 시리즈에서 여러분의 친구이자 형제, 선생이 되어 줄
멘토를 만날 수 있기를 바랍니다.

최정화 한국 외국어 대학교 교수

우리나라 최초의 국제회의 통역사로 현재 한국 외국어 대학교
통번역대학원 교수로 재직 중입니다. 세계 무대에서 자신의 꿈을
이룬 여성 신화의 주인공으로, 역시 세계에서 꿈을 펼치려고 하는
청소년들에게 멘토의 역할을 충실히 하고 있습니다. 저서로는 《외국어,
내 아이도 잘할 수 있다》, 《외국어를 알면 세계가 좁다》, 《국제회의
통역사 되는 길》 등이 있습니다.

차 례

Kim
Daejung

김대중

- 이름: 김대중
- 생몰년: 1924~2009년
- 국적: 대한민국
- 직업·활동 분야: 정치
- 주요 업적: 대한민국 제15대
  대통령(1998~2003년),
  노벨 평화상 수상(2000년)

김대중은 일제 강점기에 외딴섬에서 태어났어요. 일제의 수탈과
6·25 전쟁으로 고통받는 사람들의 모습을 지켜보며, 올바른
정치로 국민이 행복한 나라를 만들겠다는 꿈을 갖지요. 하지만
독재 정권의 비리와 위협 속에서 번번이 실패를 맛봅니다. 이런
어려움 속에서 김대중은 어떻게 세계가 인정하는 정치 지도자가 될
수 있었을까요?

이희호

미국 유학까지 다녀와 당시로서는 높은 수준의 교육을 받은 여성이에요. 사회 운동을 하던 중 만난 김대중과 결혼했어요. 이후 고생스러운 그의 인생과 정치의 동반자로 곁을 지킵니다.

장면

1960년, 4·19 혁명 이후 독재 정권이 물러나자 국무총리가 되었어요. 어려운 상황에도 굴하지 않았던 대중의 모습을 보고 그를 민주당의 대변인으로 세웠지요. 하지만 군사 정권의 등장으로 곧 자리에서 물러났습니다.

들어가는 말

- 대한민국의 민주주의와 한반도의 평화를 이끈 정치가 김대중에 대해 알아봐요.
- 김대중이 활동했던 시기, 혼란스러웠던 우리나라의 근·현대사를 살펴봅시다.
- 우리나라의 대통령이 해야 하는 일에는 무엇이 있을까요? 다른 나라와는 다른, 대한민국의 특별한 정치적 상황은 무엇이 있을지 함께 생각해 보세요.

1 빼앗긴 나라의 소년

김대중은 1924년 1월 6일, 전라남도 신안군 하의면 하의도에서
태어났습니다. 하의도는 한반도 서남쪽 끝에 있는 외딴 섬으로
평화롭고 아름다운 곳이었습니다.
'하의(荷衣)'는 연꽃잎으로 만든 옷을 뜻하는 말로,
연꽃이 활짝 핀 모양을 본뜬 이름입니다.

당시 우리나라는 일본의 지배를 받고 있었습니다. 대중은 어렸지만 나라를 빼앗긴 설움을 뼈저리게 느낄 수 있었습니다. 그런 데에는 아버지의 영향이 컸습니다.

대중의 아버지는 애국심이 강하고 정의로운 분이었습니다.

대중아, 뭘 만드는 게냐?

배를 만들려고 하는데 잘 안돼요, 아버지.

이장님,
이장님!

아이고, 이장님!
흑흑······.

무슨 일이시오?

정애 아버지가
일본 순사한테 잡혀갔어요.
제발 저희 남편 좀
살려 주세요.

대중이 태어난 하의도는 일본인 소유였습니다.
일본에게 나라를 빼앗길 무렵, 섬의 주인이
땅을 몰래 일본 사람에게 팔아넘기면서 하의도
주민들은 일본인의 *소작농으로 전락한 것입니다.
마을 이장이었던 대중의 아버지는 주민을
대표하여 일본에 맞서는 일이 많았습니다.

이런 나쁜 놈들!
거기가 어디요?
어서 갑시다.

*소작농: 다른 사람의 농지를 빌려 농사 짓는 사람

아버지의 이런 모습은 대중에게 불의에 맞서 싸울 수 있는
힘을 심어 주었습니다.

나도 커서
아버지처럼
되고 싶어.

에잇, 나쁜 놈들!
죄 없는 사람을
잡아다가 매질을
하다니…….

정애 아버지는
어떻게 됐어요?
풀려난대요?

휴, 이번에는
쉽게 풀려나기
힘들 것 같아.

아이고, 이 일을
어쩐대요.

예, 아버지.

대중아.

아무리 일본 놈들이 득세를 해도
우리는 조선 사람이다.
무슨 일이 있어도 그 사실을 잊어서는
안 된다.

조선 역사를 담은 책을 보다가 들키면
잡혀가는 시대였지만, 대중의 아버지는
개의치 않았습니다.

예.

그러던 어느 날,
섬에 엿장수가 찾아왔습니다.

대중은 아버지의 가르침을 받으며
조선만의 왕과 역사가 있음을
어렴풋이 깨달을 수 있었습니다.

엿장수다!

당시 엿장수는 엿은 물론 사탕, 빗, 거울, 화장품 같은 잡동사니까지도 가지고 다녔습니다. 아이들은 섬에서 쉽게 볼 수 없었던 물건들에 마음을 뺏기고 말았습니다.

야! 우리 조금만 구경해 보자.

그래.

야, 이것 좀 봐. 멋있지?

와~

쿨쿨~

드르렁! 푸!

대중아, 뭐 하고 있어?
너도 하나 챙겨.

아, 아니야.
난 됐어.

너만 빠지겠다고?
다들 하나씩 가졌는데
빠지면 너만 손해야.

그 순간 아버지의 낡은 담뱃대가
떠오르자, 대중은 더 이상
옳은 생각을 할 수 없었습니다.

맞아, 아버지 담뱃대는
너무 오래되고 낡았어.
이걸 갖다 드리면 아버지께서
좋아하시겠지?

대중은 좋아하실 아버지 생각에
곧장 집으로 달려갔습니다.

대중아, 이게 뭐니?

담뱃대예요.
아버지 드리려고요.

어디서 난 거니?

그, 그냥 누가
준 것이에요.

누가 무엇 때문에 너에게
이런 걸 준단 말이니?
어디서 가져왔는지
바른대로 말하지 못해?

평소와 다르게 어머니의 엄한 얼굴을
마주한 대중은 덜컥 겁이 났습니다.
결국 대중은 사실대로 털어놓았습니다.

내가 너에게 도둑질을
가르쳤더냐? 당장 가서
회초리를 꺾어 오거라.

어머니는 대중에 대한 사랑이 지극했지만 잘못을 저지르면
호되게 야단치는 올곧은 분이었습니다.
어머니는 대중이 꺾어 온 회초리로 피가 날 만큼
대중의 종아리를 치셨습니다.

어머니, 잘못했어요.
다시는 안 그럴게요.

짝!

짝!

짝!

네, 어머니.

앞장서거라.

허허…….
이 나이에 야단을 맞다니.
하지만 듣고 보니
저 어머니 말이 맞구먼.

그래서 억울하니?
네가 시작한 일도 아닌데,
이리 혼난 것이 억울해?

대중은 비로소 자신의
잘못을 깊이 뉘우쳤습니다.

죄송해요, 어머니.
친구들이 모두
그리 하기에 저도
모르게 그만…….

아니에요, 어머니.
제가 잘못했어요.

대중아, 친구들이 그릇된 행동을 하면
네가 말렸어야지. 옳지 않은 일임을
알면서도 말리지 않는 게 더 나쁘단다.
옳은 길로 가기 위해서는 많은
용기와 인내가 필요하단다.

그날 대중은 어머니의 말씀을 마음속 깊이
새겼습니다. 이러한 어머니의 가르침은
대중이 평생 옳은 길로 가기 위해 노력하는
계기가 되었습니다.

김대중의 성공 열쇠

대한민국 제15대 대통령 김대중은 민주주의와 한반도의 평화를 위해 애썼습니다.

'대통령'을 지낸 인물들의 어린 시절은 어땠을까요? 학교 다닐 때 만날 1등만 하고, 잘못이라고는 한 번도 저지르지 않고 바르게만 자랐을까요? 꼭 그렇지만은 않을 거예요. 우리나라 제15대 대통령인 김대중도 엿장수 아저씨의 물건을 훔쳤다가 어머니에게 호되게 혼난 적이 있거든요. 대한민국 국민들은 김대중을 민주주의와 남북통일을 위해 애쓴 대통령으로 기억합니다. 그의 대북 화해 협력 정책은 남과 북의 관계 개선에 주춧돌을 놓았다고 평가되지요. 어머니에게 종아리를 맞았던 꼬마가 국민의 사랑을 받은 대통령으로 우뚝 설 수 있었던 비결은 무엇일까요?

하나 어머니의 가르침

2001년 방한한 넬슨 만델라 전 남아프리카 공화국 대통령을 맞이하는 김대중

김대중이 어렸을 때, 친구들과 길을 가다 엿장수 아저씨가 나무 그늘에서 앉은 채로 잠이 든 모습을 보았습니다. 그 시절 엿장수는 엿은 물론 사탕, 빗, 거울, 화장품 같은 잡동사니들도 가지고 다녔습니다. 섬에서 쉽게 볼 수 없는 물건들에 마음을 뺏긴 친구 중 하나가 엿장수 몰래 물건을 하나 집어 들었습니다. 그리고 다른 친구들을 부추겨 모두 하나씩 물건을 챙기게 했어요. 김대중 역시 아버지에게 선물할 생각에 담뱃대를 품에 넣고 집에 돌아왔습니다. 하지만 어머니는 남의 물건을 훔치는 것은 그릇된 일이라며 그를 호되게 혼냈습니다. 김대중은 자신의 잘못을 똑똑히 깨달을 수 있었습니다.

이렇듯 김대중은 어머니로부터 옳고 그름을 판단하는 지혜를 물려받을 수 있었고, 이는 그의 인생에 영향을 미치게 됩니다.

일제 강점기, 마을의 이장을 맡고 있던 김대중의 아버지는 주민들을 대표하여 일본에 맞서는 일이 많았습니다. 김대중은 그런 아버지의 모습을 보면서 민족정신과 올바른 정치가 무엇인지 배울 수 있었습니다. 또 그는 아버지가 보시던 신문을 읽곤 했는데, 무엇보다 정치 기사를 관심 있게 읽으며 정치에 대해 공부할 수 있었습니다.

김대중이 본격적으로 정치가의 꿈을 품게 된 계기는 6·25 전쟁이었어요. 1950년 6월 25일, 북한 공산군이 남한을 침략하며 비극적인 전쟁이 일어났습니다. 전쟁이 시작된 지 얼마 되지 않아 이승만 대통령은 서울을 꼭 지킬 것이라는 라디오 방송을 내보내 국민을 안심시켰지요. 하지만 이미 이승만 대통령은 대전을 향하고 있었습니다. 곧 북한의 인민군이 서울 광화문까지 내려오자, 결국 방송을 믿고 피난을 떠나지 못한 힘없는 국민들만 고통을 받았습니다.

김대중은 지도자가 바로 서야 국민이 행복할 수 있다는 사실을 깨달았어요. 그리고 정치가가 되기로 결심합니다.

조선 총독부가 1910년 8월 30일에 발행한 〈매일신보〉 창간호. 어린 김대중은 이 신문을 읽으며 정치에 눈을 떴습니다.

북한군이 남하하는 것을 늦추기 위해 한강 다리가 폭파되었고, 강을 건너던 피난민과 병사 수백 명이 목숨을 잃었습니다.

who? 지식사전

김대중의 고향, 하의도

김대중의 고향은 하의도입니다. 전라남도 신안군 하의면에 속하며 목포의 남서쪽 바다에 자리하고 있는 작은 섬으로, 인구는 1,600여 명 정도입니다. 본래 여러 섬으로 나누어져 있었는데, 지금은 간척 공사로 인해 서로 연결되어 있습니다.

하의도에는 김대중의 생가가 남아 있습니다. 조선 시대 유학자 초암 김연이 제자들을 가르치던 덕봉 강당도 있는데, 김대중도 어린 시절 이 덕봉 강당에서 공부했답니다.

김대중 대통령 서거 후 하의도에 있는 생가를 찾은 추모객들

추운 겨울에도 온갖 바람과 서리를 참고 이겨
내는 인동초가 김대중의 굳센 성품과 닮았기
때문에, 그를 '인동초'라 부르기도 합니다.

셋 죽음에 맞서는 용기

정치가 김대중의 삶은 가시밭길과 같았습니다. 권력이 저지른
잘못에 대해 비판하기를 두려워하지 않았던 김대중은 몇 차례
죽음의 고비를 맞기도 했습니다.

1971년 의문의 교통사고로 다리를 절게 되었고, 1973년
도쿄에서 박정희의 10월 유신(대통령에게 모든 권한이
집중되도록 법을 개정한 사건)에 반대하는 운동을 벌이다가
납치되어 129시간 만에 풀려나기도 했습니다. 1980년에는
전두환이 이끄는 신군부에 의해 내란을 계획했다는 죄목으로
사형 선고를 받지만 국민들의 지지와 국제 사회의 노력으로
사형을 면했습니다.

이렇듯 김대중은 숱한 위험을 겪었지만, 죽음 앞에서도 뜻을
꺾지 않았어요. 김대중의 용기는 국민들에게 믿음을 주었고,
국제적인 지도자로 인정받는 결과를 낳았습니다.

1971년 김대중의 대선 유세. 그는 네 번의 도전
끝에 대통령에 당선되었습니다.

넷 끝없는 도전

김대중은 정치가의 꿈을 품은 지 7년 만인 1961년 5월 13일에
강원도 인제군 보궐 선거에서 처음 민의원(1952년부터
1961년 사이에 국회를 구성한 의원)에 당선됩니다.
1954년 목포에서 낙선한 이후 4번의 실패 끝에 당선된
것입니다. 1958년 국회 의원 선거에서는 후보 등록조차
하지 못했습니다. 당시 정부에서는 자기들이 원하는 사람을
당선시키기 위해 선거를 방해하거나 조작하기도 했기
때문입니다. 이장들이 주민의 도장을 거둬 가는 바람에
추천서에 도장을 받을 수가 없었던 것이지요. 이후에도
계속해서 정권의 방해에 부딪쳤지만, 김대중은 꿈을 포기하지
않았어요. 마침내 1963년, 김대중은 목포 시민의 지지를 받아
국회 의원에 당선되면서 정치가의 길을 걷게 되었습니다.

평화와 화해의 추구

김대중은 용서와 화해, 통합의 가치를 실천했습니다.
그는 스스로 정치의 희생자였지만, 정치적
보복을 하지 않음으로써 악순환의 고리를 끊는 데
앞장섰어요. 1980년 전두환 정권에게 내란 음모 죄로
사형을 선고받은 김대중은 법정에서 다음과 같은 최후
진술을 남겼습니다.
"이 땅의 민주주의가 회복되면, 먼저 죽어 간 나를
위해서든, 또 다른 누구를 위해서든 정치 보복이 다시는
행해지지 않도록 해 달라."
그의 말이 국제 사회에 알려지면서 세계 여러 나라에서
김대중을 구하기 위한 운동에 나섰어요. 그 결과 김대중에게
내려진 사형은 무기징역으로 감형되었습니다.
또한 김대중은 반세기 동안 대립해 오던 남북 관계 개선에
힘썼습니다. 그는 북한에 대한 협력과 이해를 통해 평화
통일을 이끌어 내기 위해 '햇볕 정책'을 펼쳤습니다. 국제
사회는 이러한 김대중의 노력을 인정해 노벨 평화상이라는
영광을 안겨 주었습니다.

개성 공업 지구. 남한의 자본과 기술, 북한의 노동력을
활용해 조성했던 경제 특구입니다. ⓒ Mimura

who? 지식사전

김대중과 노벨 평화상

노벨상을 만든 사람은 스웨덴의 화학자이자 발명가인 알프레드 노벨이에요. 그는
다이너마이트를 발명해 엄청난 부를 쌓았습니다. 그런데 다이너마이트가 전쟁에 쓰이며 많은
사람들의 생명을 앗아가자, 깊이 반성하고 자신의 재산을 인류 복지에 쓰기로 결심했습니다.
노벨상은 물리학·화학·생리의학·경제학·문학·평화의 여섯 부문으로 나뉩니다. 이 가운데
노벨 평화상은 그해 평화를 이룩하는 데 가장 크게 공헌한 사람이나 단체에게 수여합니다.
2000년, 김대중은 대통령으로 일하던 시절 이 상을 받았습니다. 인권 향상과 남북 관계의
개선에 기여한 공로를 인정받은 거예요. 김대중은 우리나라 최초의 노벨상 수상자입니다.

김대중은 2000년 우리나라
최초로 노벨 평화상을
수상했습니다.

2 불의에 맞서다

일곱 살이 된 대중은 여느 아이들처럼 서당을 다녔습니다. 당시 하의도에는 학교가 없어 서당에서 훈장 선생님에게 공부를 배웠습니다.

하늘 천, 땅 지, 검을 현, 누를 황……

자, 이제 한 명씩 나와 천자문을 외워 보거라.

하늘 천, 땅 지, 거, 검을……

예끼, 요 녀석! 겨우 그것밖에 못 외웠느냐?

다음 사람, 나와 보거라!

아이들은 앉은 순서대로 천자문 외기 시험을 치렀습니다.

천자문을 제대로 왼 아이는 고작 두 명 뿐이었는데 한 아이는 중간에 더듬거렸습니다. 막힘 없이 술술 외워 훈장 선생님을 흡족하게 한 아이는 대중뿐이었어요.

허허~ 녀석 참 총명하구나. 이번 외기 시험은 대중이가 1등이다!

와!

짝짝짝!

예, 어머니!

대중의 부모님은 무척 기뻐했습니다. 특히 교육에 열성적이었던 어머니의 기쁨은 이루 말할 수 없을 정도였습니다.

대중아, 열심히 공부해야 한다. 이 어미가 너만큼은 어떤 일이 있어도 고등 교육까지 받게 해 줄 테다.

네, 어머니.

대중이 1년 동안 서당에 다닌 뒤에야 하의도에도 *보통학교가 생겼습니다. 이후 대중은 학교에 다니게 되었습니다.

하지만 도시의 학교와 달리 4년제였기 때문에 학교를 졸업하고도 상급 학교로 진학할 수 없었습니다. 부모님은 대중의 교육을 위해 집과 땅을 팔고 목포로 이사하기로 결정했습니다.

부모님은 항구에서 허름한 여관을 운영하며 대중을 뒷바라지했습니다. 대중은 어머니의 기대에 따라 전학을 온 후에도 줄곧 1등을 놓치지 않았습니다.

그런데 대중이 6학년에 올라가면서 조선어 수업이 폐지되었습니다.

곧 학교 내에서 조선어 사용은 금지되었고, 이를 위반하면 엄중한 처벌이 내려졌습니다.

조선 사람에게 조선말을
쓰지 말라니…….

그러던 어느 날, 대중에게 볼일이 있었던
아버지가 학교를 찾아왔습니다.

아, 아…….

음…….

*보통학교: 일제 강점기에 우리나라 사람들에게 초등 교육을 하던 학교

일본어를 배우지 않은 아버지는
아무 말도 할 수 없었습니다.
부자는 한참 동안 서로를
바라볼 수밖에 없었습니다.

결국 아버지는 한마디도 하지 못한 채
쓸쓸히 돌아갔습니다.

아버지……

대중은 온종일 아버지의
뒷모습이 생각나 마음이
편치 않았습니다.

대중은 수업이 끝나자마자 집으로 달려갔지만
아버지는 끝내 아무 말도 하지 않았습니다.

분하다. 나라를 빼앗긴 것도
억울한데 우리말까지
쓸 수 없다니!

1년 뒤, 대중은 목포 제일 보통학교를 수석으로 졸업하고 목포 상업 학교에 수석으로 입학했습니다. 목포 상업 학교는 전국에서 손꼽히는 명문 학교였습니다.

마을 사람들은 이런 대중을 자랑스러워했습니다. 부모님 또한 어려운 환경에서 좋은 성적을 거둔 대중을 대견하게 여겼습니다.

대중이 엄마는 좋겠네.

별것 아닌걸 뭐.

별것 아니라니? 일본 학생들을 다 제치고 1등으로 학교에 들어갔는데 그게 보통 일인가? 참말로 장하구먼.

*조센징: 조선 사람을 뜻하는 말로 일제 강점기에 일본 사람이 조선 사람을 낮추어 부른 말

대중의 날카로운 질문은 강연자를 당황시켰습니다.
이 일로 인해 대중은 일본인 교사와 학생들의
비난을 받았습니다.

하지만 저는…….

김대중! 시국 강연에서 불순한 질문을 하다니! 제정신이야? 다음에는 가만두지 않겠다. 알았나?

당장 대답하지 못해? 반항하는 거냐?

아닙니다!

앞으로 지켜보겠다. 조심하도록!

괜찮니?

예, 선생님.

대중아, 네가 총명한 아이란 건 알지만 앞으로는 조심하는 게 좋겠다. 저들 눈 밖에 나서 좋을 건 없으니까.

불의에 맞서다 **45**

네.

하지만 대중이 말이 맞습니다.
대중아, 기죽지 말아라.
네 말에는 남을 설득시키는
힘이 있단다.

아직 많이
부족한 걸요.

네 뜻을 제대로
표현할 수 있도록
노력하거라.

네, 선생님.

내 말에 힘이
있다고?

대중은 뛰어난 통솔력으로 3년 동안 반장을
맡았습니다. 하지만 그로 인해 어려움을
겪기도 했습니다.

비켜!

이 사건 이후 대중의 학교 생활은 더욱 힘들어졌습니다. 일본인 상급생들이 툭하면 대중을 불러내 괴롭히고 때리는 등 화풀이를 했기 때문입니다.

이런다고 내가 굴복할 줄 알아? 어림없어!

그러던 어느 날, 작문 시간에 일제의 식민 통치를 비난하는 글을 쓴 이후 대중의 성적은 떨어지기 시작했습니다.

일본인 교사들은 대중이 아무리 공부를 잘해도 좋은 성적을 주지 않았습니다. 대중이 거리낌 없이 일본에 반대하는 말이나 행동을 했기 때문입니다. 대중은 반장을 그만두고 대학 진학을 목표로 공부했습니다.

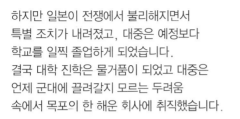

하지만 일본이 전쟁에서 불리해지면서
특별 조치가 내려졌고, 대중은 예정보다
학교를 일찍 졸업하게 되었습니다.
결국 대학 진학은 물거품이 되었고 대중은
언제 군대에 끌려갈지 모르는 두려움
속에서 목포의 한 해운 회사에 취직했습니다.

휴······ 언제 일본군으로
끌려갈지 모르는
상황이라니 답답하군.

그러던 어느 날, 대중은
한 여성에게 마음을 빼앗겼습니다.
그녀는 목포 상업 학교 동창의
여동생 차용애였습니다.

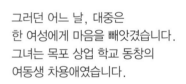

아니!

대중의 끈질긴 구애로 두 사람은 이듬해 봄인 1945년 4월, 결혼식을 올렸습니다. 대중의 소집 영장이 언제 나올지 모르는 상태에서 신혼 생활이 시작되었습니다.

그리고 몇 달이 지났습니다. 1945년 8월 15일, 일본의 항복 선언으로 조선은 광복을 맞았습니다.

드디어 전쟁이 끝났어!

광복 후, 해운 회사의 일본인 사장이 떠나자 대중은 회사를 관리하게 됩니다.

그동안 자네만큼 성실하고 믿음직한 직원은 없었네. 이 회사를 잘 부탁하네.

회사를 크게 키워서 해방된 조선에 보탬이 되도록 하자.

*건국 준비 위원회: 일본으로부터 행정권을 돌려받아 새로운 나라를 세울 때까지 나라 안의 질서를 유지하고자 한 정치 단체

이후 대중은 자신의 회사를 세워 사장이
되었습니다. 사장이 된 후에도 그는 직원들을
함부로 대하지 않았습니다. 직원들에게
돌아가야 할 몫을 늘 정확히 챙겨 주었고
사업은 계속 번창했습니다.

광복을 맞은 나라에 조금이나마 도움이 되고자
결심한 대중은 *건국 준비 위원회 목포 지부에서
선전부 과장을 맡아 일하기도 했습니다.

그러는 사이 아들도 태어났습니다.
평온한 날들이었습니다.

나라의 주권을 빼앗기다

하나 대한 제국

1895년 조선 제26대 왕 고종의 비인 명성황후가 일본인에게 죽임을 당하는 을미사변이 일어납니다. 이후 신변에 불안을 느낀 고종은 러시아 공사관으로 피신합니다. 이를 아관파천이라고 합니다.

하지만 러시아의 영향력이 커지며 나라의 자주성이 위협받자, 고종은 1897년 경운궁(지금의 덕수궁)으로 돌아와, 연호를 '광무'로 고칩니다. 나아가 10월 12일, 한양의 환구단에서 대한 제국을 선포하며 황제에 즉위했어요. 조선이 자주 독립국임을 온 세상에 알린 것입니다.

대한 제국의 황제 고종은 경제, 교육, 사법 제도 등 다양한 영역을 개혁하고자 합니다. 1899년에는 한국 최초의 근대적 헌법인 '대한국국제(大韓國國制)'를 반포하기도 했어요. 그러나 고종의 개혁 정책은 강대국들의 간섭과 집권층의 반발로 큰 성과를 거두지는 못했습니다.

서울특별시 중구에 위치한 구 러시아 공사관. 아관파천 당시 고종은 약 1년간 이곳에서 지냈습니다. ⓒ Hangidan

who? 지식사전

광화문의 역사

2010년 8월 이전 공사를 마치고 제자리를 찾은 광화문

광화문은 경복궁의 정문입니다. 조선 태조 4년인 1395년에 처음 세웠어요. 이때 만들어진 광화문은 임진왜란 때 불에 타 없어졌습니다. 오랜 시간이 지나 1865년에 흥선 대원군이 다시 복원했지만, 일제 강점기인 1927년에 조선 총독부가 광화문을 경복궁 동문인 건춘문 북쪽으로 옮겼습니다. 이렇게 옮겨진 광화문은 6·25 전쟁 때 또 소실되고 말아요.

1968년이 되어서야 철근 콘크리트를 사용해 광화문을 복원했습니다. 하지만 본래 모양과 원래 있던 자리를 찾지는 못했어요. 그리고 2010년, 제65주년 광복절에 맞춰 제자리를 찾은 광화문은 복원된 모습을 선보였답니다.

결국 1905년 일본이 을사조약을 강제로 체결하면서
조선은 일본의 보호국이 됩니다.

둘 ⟨ 을사조약

을사조약은 1905년 일본이 조선의 외교권을
빼앗기 위하여 강제적으로 맺은 조약입니다.
명목상으로는 조선이 일본의 '보호국'으로 되어
있어, '을사보호조약'이라고도 부릅니다. 하지만
보호국이라는 지위는 조선을 식민지화하려는
일본의 음모를 그럴듯하게 포장한 것뿐이에요.
청일 전쟁과 러일 전쟁에서 승리한 일본은 1905년
7월에 미국과 가쓰라-태프트 밀약을, 8월에는
영국과 제2차 영일 동맹을 맺어 조선에 대한
종주권을 비밀리에 인정받았습니다.
그 후 일본은 고종을 비롯한 조선의 대신들을
강요하여 을사조약을 맺었습니다. 이로 인해 조선은
사실상 일본의 식민지나 다름없게 되었답니다.
그러나 고종은 끝까지 이 을사조약을 재가(왕이 직접
안건에 어새를 찍고 결재하여 허가하던 일)하지
않았습니다. 그러므로 을사조약은 원칙적으로
무효인 조약입니다.
을사조약을 발판 삼아 대한 제국을 장악한 일본은
통감부를 설치해 정치에 본격적으로 간섭합니다.
그리고 마침내 1910년 한일 병합 조약을 통해
대한 제국의 통치권을 빼앗습니다.
이로써 35년 동안 일본의 지배를 받는 '일제 강점기'가
시작됩니다.

을사조약 체결을 주도한 이토 히로부미
(1841~1909년)

대한 제국의 대신이었던 민영환은
을사조약이 체결되자 이에 강력한 반대를
표현하기 위해 자결했습니다.

이완용은 을사조약의 체결을 주도하고, 총리대신이 되어 정부 대표로 한일 병합 조약을 체결했습니다.

무단 통치기였던 1911년, 일제는 105인의 독립운동가를 고문하고 가두었습니다.

셋 일제 강점기

1910년 8월부터 1945년 8월까지 한반도는 일본의 지배를 받았습니다. 이 시기를 '일제 강점기'라고 합니다. 통치 형태에 따라 보통 무단 통치기, 문화 통치기, 민족 말살 통치기로 구분해요.

제1기 무단 통치기(1910~1919년)

1910년 마침내 조선을 차지한 일본은 조선 총독부를 설치하여 조선을 통치하기 시작했습니다. 일본은 조선을 총과 칼로 다스리는 무단 통치(무력으로 다스림)를 했습니다. 소학교(지금의 초등학교) 교원과 군수 같은 문관들에게까지 칼을 차고 근무하게 하는 헌병 경찰 제도도 실시했습니다. 또한 일본은 조선의 경제까지 집어삼키려고 했습니다. 조선인 자본이 산업의 발전을 위해 사용되는 것을 막고, 조선의 토지를 빼앗기 위해 토지 조사 사업을 벌였어요. 무단 통치기는 일제가 정치·경제·사회적으로 식민 통치의 기반을 다지기 위해 조선을 철저히 탄압한 시기였습니다.

제2기 문화 통치기(1919~1930년)

1919년, 3·1 운동 이후 조선의 저항이 점점 거세지자, 일본은 무단 통치에서 겉보기에 비교적 온화해 보이는 문화 통치로 돌아섭니다. 일본은 헌병 경찰 제도를 폐지하고 보통 경찰 제도를 채택했습니다. 하지만 경찰 병력을 무단 통치기보다 3배나 늘렸어요. 또 문화 통치라는 이름 아래 조선어 신문 발행을 허락하면서 언론에 대한 탄압을 더욱 강화했고, 학교의 조선어 교육 시간도 줄였습니다. 문화 통치기를 민족 분열 통치기라고 부르기도 합니다. 일본이 조선의 지주·자산 계급·지식인 등을 친일 세력으로 만들면서 민족 분열을 일으켰기 때문이에요.

제3기 민족 말살 통치기(1931~1945년)

원료와 자원을 확보하기 위해 중국이 필요했던
일본은 1931년 만주를 침략하고 1937년 중일 전쟁을
일으킵니다. 일본은 조선을 중국으로 진출하기
위한 군사 기지로 삼고, 전쟁에 조선을 이용합니다.
조선의 젊은이들을 전쟁터로 끌고 가고, 여성들은
일본군 위안부를 삼아 성 노예의 삶을 강제했어요.
1941년, 중일 전쟁은 일본과 미국의 태평양
전쟁으로까지 번집니다. 그러자 일본은 모든
조선인을 동원하기 위한 국민 총력 운동까지
전개합니다.

이 시기 일본은 조선을 일본과 동화시키기 위해 민족
말살 정책을 펼쳤습니다. 조선어 사용을 금지했고,
이름도 일본식으로 바꾸게 했으며, 신사 참배도
강요했습니다. 그러나 1945년 8월, 미국이 일본에 원자
폭탄을 떨어뜨리고 일본이 미국에 항복함으로써 일제
강점기도 막을 내립니다.

버마에서 연합군 장교와 인터뷰 중인 중국인 위안부.
일본은 한국, 중국, 필리핀, 인도네시아 등 여러 나라의
여성들을 위안부로 끌고 갔습니다.

중일 전쟁 중인 1937년 12월 13일, 중국 난징에
들어서는 일본군

who? 지식사전

조선의 마지막 황녀, 덕혜 옹주

덕혜 옹주(1912~1989년)는 조선 제26대 왕 고종의 고명딸이자 조선 황실의 마지막
황녀입니다. 고종은 덕혜 옹주를 무척 사랑했습니다. 딸을 위해 덕수궁 안에 유치원을 세워 줄
정도였답니다. 1925년 3월, 덕혜 옹주는 '황족은 일본에서 교육받아야 한다'는 일본의 요구에
의해 강제로 일본으로 보내집니다. 이후 덕혜 옹주의 삶은 가시밭길과 다름없었어요. 일본인
귀족과의 원치 않는 결혼, 외동딸의 실종, 조발성 치매(일종의 정신 분열증) 등 온갖 고통을
겪습니다. 1962년 가까스로 한국에 돌아온 덕혜 옹주는 실어증과 지병으로 고생하다가
1989년 쓸쓸히 세상을 떠났습니다.

1923년에 촬영한
덕혜 옹주의 사진

3 정치에 눈뜨다

대중은 점차 사업가로서 수완을 발휘했습니다. 서울에 있는 회사와 계약을 맺고 사업 기반을 넓혀 갔습니다.

사장님, 준비되셨습니까?

응. 서울에 들렀다 인천으로 갈 예정이네.

이번에도 꼭 계약 성사하고 오시길 바랍니다.

하하. 걱정 말게.

대중은 사업 차 올라온 서울에서 한국 역사상 가장 큰 비극을 맞게 됩니다. 목포에서 출장 온 지 열흘째 되던 날, 해군 장교인 친구와 함께 길을 가던 대중 앞에 확성기를 단 군용 트럭이 나타났습니다.

군인들은 즉시 부대로 돌아가라! 군인들은 전원 복귀하라!

무슨 일이지?

글쎄, 나도 모르겠어. 어쨌든 부대로 돌아가야겠네.

무슨 일인지 알아봐야겠어.

*북괴가 전면적으로 전쟁을 도발해 왔습니다.

1950년 6월 25일, 한국 역사상 가장 비극적인 전쟁이 터진 것입니다. 전쟁이 시작된 지 사흘째 되는 날, 이승만 대통령은 라디오 방송으로 국민을 안심시켰습니다.

서울은 무슨 일이 있어도 반드시 지킬 것입니다. 시민들은 안심하시기 바랍니다.

*북괴: 북한을 낮잡아 이르던 말

하지만 방송 내용은 거짓이었습니다.
이승만 대통령은 이미 대전으로 피신했고
정부의 주요 인사들도 서둘러 남쪽으로
옮겨 간 후였습니다. 그리고 다음 날, 북한군은
벌써 서울 광화문까지 들어와 있었습니다.

얼마 후 한강 철교가 끊겼습니다. 북한군이 더 이상 남쪽으로
내려오지 못하도록 남한에서 다리를 폭파한 것이었습니다.

북한군의 공격은 늦출 수 있었지만, 아무런 경고
없이 다리가 끊어지면서 강을 건너던 피난민과
병사 수백 명이 목숨을 잃었습니다.
결국 미처 피난을 떠나지 못한 힘없는 국민만
서울에 남겨졌습니다.

*반동분자: 진보적이거나 발전적인 움직임을 반대하는 사람

이러다 사람들 다 죽겠네. 대체 우리 군은 어디서 뭘 하는 건가?

위에 계신 양반들 살길 마련해 주느라 그런 게지. 서울을 지키겠다던 대통령은 먼저 내빼고, 힘없는 서민들이야 죽든 말든 신경 안 쓰는 놈들 아닌가?

이런 비극은 다시는 없어야 해.

대중 자신도 북한군에게 잡혀 죽을 고비를 겨우 넘긴 후 목포로 돌아올 수 있었습니다.

여보! 무사하셨군요.

대중은 전쟁을 겪으며 정치인의 잘못된 판단이
국민에게 얼마나 큰 고통과 아픔을 주는지
가슴 깊이 느낄 수 있었습니다.

휴전은 되었지만
이제부터가 더 걱정이구나.
전쟁이 나자 국민을
배신했던 정부는
앞으로 또 어떻게
나올까?

여보, 무슨 생각을
그렇게 골똘히 하세요?
밤이 깊었는데
그만 들어가요.

너무 참혹한 전쟁이었어요.
수많은 사람이 목숨을
잃었고 아이들은 고아가
되었소. 나 또한 죽을
고비를 넘겼고…….

여보…….

아내의 말에 용기를 얻은 대중은 1954년, 목포에서 *민의원 선거에 출마합니다. 당시 대중의 나이 서른이었습니다.

선생께서 사업을 하면서 노동자들을 위해 애를 많이 쓰셨다는 것을 잘 알고 있습니다. 이번 선거는 우리 노동조합에서 돕도록 하겠습니다.

고맙습니다. 아주 든든하군요.

대중이 회사를 경영하면서 노동자를 위해 노력한 사실이 알려지자 목포 노동조합이 대중을 지지하고 나섰습니다. 당시 노동조합의 영향력은 선거를 좌지우지할 정도로 컸기에 대중의 당선은 이미 확정된 것이나 다름없었습니다.

*민의원: 1952년부터 1961년 사이에 국회를 구성한 의원

당시 *이승만 독재 정권은 자유당 후보를 당선시키기 위해 다른 당의 후보를 지지하는 사람들을 위협했습니다. 이처럼 민주주의 국가에서는 일어날 수 없는 터무니없는 일이 전국 각지에서 일어나고 있었습니다.

그렇게 처음부터 순순히 따랐으면 좋았잖아.

노동조합 간부들은 협박에 못 이겨 자유당 후보를 돕겠다는 각서를 쓰고 나서야 경찰서를 나올 수 있었습니다. 결국 대중은 선거에서 패했습니다.

죄송합니다. 저들의 협박에 어쩔 수가 없었습니다.

이 같은 자유당의 횡포는 이승 정권 내내 계속되었습니다.

아닙니다. 저는 괜찮습니다. 우선 몸부터 추스르십시오.

*이승만: 광복 후 초대 대통령으로 취임한 이후 장기 집권을 위한 부정 선거를 하다 1960년 4·19 혁명이 일어나자 하와이로 망명했다.

저들의 뜻대로 되게
내버려 둘 수는 없지.
우선은 나와 같은 뜻을 지닌
사람들을 만나 봐야겠어.

대중은 정치인들과 교류하며 민주당에 입당합니다.
민주당은 1955년 9월 18일, 자유당 독재 정권에
대항하는 세력들이 모여 만든 정당이었습니다.
대중은 민주당 *전당 대회에서 정치인 장면과 인연을
맺게 됩니다.

그리고 4년 뒤, 대중은 장면의
추천으로 강원도 인제에서
민주당 후보로 출마합니다.

많은 사람들이 우리 야당을
지지하고 있네. 인제가 비록
자네의 고향은 아니지만
한번 노력해 보세.

네, 반드시
승리하겠습니다.

*전당 대회: 정당의 중요한 일을 논의하기 위해 전국의 대의원이 모이는 회의

하지만 자유당 정권의
치밀하고도 집요한 방해 공작
때문에 대중은 후보 등록조차
하지 못했습니다.

여보!

미안하오, 여보.
정치한답시고 가장이
집안은 돌보지 않고
돈까지 다 써 버리고
말았으니 당신에게
면목 없게 됐구려.

무슨 말씀이세요.
당신답지 않아요.
정의를 위해 끝까지
싸우셔야죠.

대중은 어려운 살림을 꾸려 가면서도
불평은커녕 도리어 자신을 격려해 주는
아내가 한없이 고마웠습니다.

여보,
정말 고맙소.

다행스럽게도 자유당의 부정 선거가 탄로나 인제 선거는 무효가 되었습니다. 곧 재선거가 시행되었고 대중은 후보자로 나섰습니다.

하지만 선거에 있어서 부정 행위는 계속되었습니다. 인제에는 군인이 많았는데, 자유당 정권은 투표소에 장교를 세워 놓고 병사들의 투표 용지를 일일이 검사했습니다.

이런 불순한 놈!

자유당이 나라를 위해 얼마나 애를 썼는데 감히 김대중을 찍어?

내놔!

됐어. 가 봐!

포기하지 말고 반드시 당신의 꿈을 이루세요.

당신이 원하는 것은 제가 원하는 것이기도 해요.

어려운 고비마다 무한한 믿음과 사랑으로 대중을 감싸 주던 아내가 세상을 떠난 것입니다. 아내는 정치를 하겠다고 서울에 올라와서 점점 작은 집으로 여덟 번이나 이사를 할 때에도 대중에게 불평 한마디 없었습니다. 어려운 형편에도 모든 것을 아낌없이 쏟으며 대중을 지원해 왔던 아내가 떠나자 대중은 절망했습니다.

여보! 여보!

조선에서 대한민국으로

하나 〈 일제 아래의 민족 해방 운동

3·1운동

일본의 가혹한 무단 통치 아래서도 우리 민족은 비밀리에
민족 해방 운동을 계속합니다. 일제 강점기 이전부터 외세에
항거했던 의병들은 무장 항쟁론을 펼쳤고, 실력 양성론을
주장하던 애국 계몽 운동 세력 역시 전국 곳곳에서 비밀
단체를 만들며 독립을 위한 활동을 계속했지요.
일제의 수탈과 억압이 계속되며 불만이 고조되던 중, 고종
황제가 갑자기 세상을 떠나고 이것이 일제에 의한 독살이라는
소문이 퍼집니다. 이에 1919년 3월 1일, 수천 명의 시민이
탑골 공원에 모여 독립 만세를 외칩니다. 독립 만세 운동은
전국을 넘어서 해외에까지 퍼져 나갔습니다. 대대적인 항일
운동에 당황한 일본은 이들을 무자비하게 진압했어요.
하지만 3·1 운동은 여기저기 흩어져 있던 독립 운동 세력을
하나로 모으는 계기가 되었습니다.

일본 제국주의에 맞서 싸운 의병들

임시 정부 수립

3·1 운동 이후 흩어져 있던 독립 운동 단체들은 힘을
모으기로 하고, 보다 자유롭게 독립 운동을 지휘할 수
있는 중국 상하이에 임시 정부를 수립했습니다. 대한민국
임시 정부는 항저우·난징·광저우 등으로 청사를 옮기며
독립운동을 이끌었어요. 임시 정부는 조선 사람들의
의견을 외국에 전하고, 독립운동 소식을 국내외에 전하는
일에 힘썼습니다. 또한 한국 광복군과 한인 애국단을
조직하여 일본 고위 관료와 반역자를 암살하는 일도
했습니다.

1945년 12월 3일. 광복을 맞아 고국에 돌아온
임시 정부 요인들

둘 | 국제 사회의 움직임, 태평양 전쟁

1937년, 일본이 중일 전쟁을 일으키자, 미국은 일본에
군대를 철수하라고 요구합니다. 하지만 일본은 이를
무시했습니다. 그러자 미국은 일본에 대한 석유·철광
등의 자원 수출을 중단했고 일본은 큰 타격을 입게
되었어요. 전쟁에 필요한 물품을 만들 자원이
부족해졌기 때문이에요. 급해진 일본은 프랑스의
식민지 인도차이나(베트남, 라오스, 캄보디아)를
침공했어요. 당시에는 제2차 세계 대전이 벌어지고
있었는데, 참전국 중 하나인 프랑스는 인도차이나를
일본에 빼앗기고 맙니다.

일본군의 진주만 공격 때 폭격을 당해 침몰하는
애리조나호

인도차이나를 점령한 일본은 1941년 12월 7일, 미국의
태평양 함대가 주둔하고 있던 진주만까지 공격합니다.
이 공격으로 미국은 일본과 전쟁을 벌이게 됩니다. 이것이
태평양 전쟁이에요. 태평양 전쟁 초기에는 일본이 앞서지만
곧 반격에 힘입어 전세가 미국으로 기울어졌어요. 결국
미국이 1945년 8월 6일 히로시마에, 8월 9일 나가사키에
원자 폭탄을 투하하자 큰 피해를 입은 일본이 8월 15일에
항복을 선언하면서 태평양 전쟁은 막을 내립니다.

미국의 원자 폭탄 투하로 폐허가 된 히로시마

who? 지식사전

태평양 전쟁이 시작된 곳, 진주만

진주만은 미국 하와이 주의 오아후 섬에 있는 군항입니다. 군항이란 군사적 목적으로 특별한 시설을 갖춘 항구를 말해요.
진주만은 만의 입구가 좁고 내부는 넓어서 천연 요새로 손꼽힙니다. 그래서 미국의 군사 시설들이 많이 있답니다.
1941년 12월 7일, 일본 비행기와 잠수함이 진주만에 있던 태평양 함대를 기습했습니다. 이로 인해 8척의 전함과 13척의
해군 선박이 침몰하고, 188대의 비행기가 파괴되었으며, 수천 명의 사상자가 발생했어요. 미국은 이 공습을 계기로 연합군에
가담하여 제2차 세계 대전에 참전하게 됩니다.

셋   해방과 38선

1945년 8월 15일, 일본이 무조건 항복을 선언하면서 일제 치하에 있던 한반도는 광복을 맞습니다. 하지만 곧 한반도의 38선을 경계로 남쪽은 미국이, 북쪽은 소련이 점령하게 되었어요. 여기에는 한반도의 위치와 관련이 있습니다. 한반도 남쪽으로는 일본을 시작으로 동남아시아가, 북쪽으로는 중국이 있기 때문에 강대국들은 그 가운데 위치한 이곳이 서로의 세력권에 들어가게 될까 걱정했거든요.

이에 미국과 소련을 포함한 연합국은 조선을 5년간 신탁 통치하기로 결정합니다. 신탁 통치란 유엔(국제 연합)의 위임을 받은 나라가 자치 능력이 부족한 지역을 대신 다스리는 통치 형태를 뜻합니다. 연합국은 독일과 같은 패전국만을 신탁 통치하기로 했지만, 각자의 이해관계에 따라 한반도의 신탁 통치를 주장했습니다. 이를 두고 국내의 의견도 갈라서기 시작했습니다. 미국과 소련은 신탁 통치를 진행시키기 위해 미소 공동 위원회를 열었지만 두 나라의 의견 대립과 국내의 반대로 결국 신탁 통치는 이루어지지 않았습니다.

광복 직후 감옥에서 나온 독립운동가들과 시민들이 환호하는 모습

who? 지식사전

강제 징용

제2차 세계 대전이 한창이던 1941년, 일본은 조선인을 대상으로 징용 제도를 시행해 부족한 노동력을 보충했습니다. 조선인들은 일본, 북간도, 사할린 섬 등의 탄광과 비행장, 도로 건설 현장과 군수 공장으로 끌려갔어요. 전쟁 후반에는 학도 지원병이라는 이름 아래 수많은 학생들이 전쟁터로 끌려가고, 여성들은 일본군 위안부로 끌려갔습니다. 이때 동원된 학생과 여성들은 자그마치 200만 명에 달했습니다. 이렇게 끌려간 사람들은 전쟁 중에 대부분 사망했고, 살아남은 사람들 다수가 고국으로 다시 돌아오지 못하고 징용된 곳에서 살고 있어요. 일제 강점기에 우리 동포들이 강제로 끌려간 대표적인 곳으로 러시아 사할린 섬을 들 수 있습니다. 사할린 동포들은 해방 후에도 한국 정부의 소극적인 태도로 인해 고국으로 돌아올 수 없었습니다.

러시아 사할린 섬의 위치

넷　대한민국 정부 수립

신탁 통치 논의가 실패한 뒤, 미국은 소련과
본격적으로 세력 다툼을 시작했어요. 미국은 유엔
총회에서 유엔의 감시 아래 남북한 자유 총선거를
실시할 것을 제안했습니다. 하지만 소련은 이에
반대하며 한반도의 정부 수립에 외국 세력이
간섭하지 않을 것을 주장했어요. 당시 유엔에서는
미국의 영향이 훨씬 컸기 때문에 소련에게 불리한
제안이었기 때문이지요. 유엔은 소련의 영향 아래
있는 북한을 제외한 남한에서만 총선거를 실시하기로
했습니다.

좌파와 김구를 비롯한 여러 민족주의자들은 반쪽짜리
선거라며 반대했지만, 결국 1948년 5월 10일,
남한에서만 총선거가 실시되었습니다.
이때 이승만이 대통령으로, 이시영이 부통령으로
선출됩니다. 그리고 1948년 8월 15일 대한민국 정부
수립이 국내외에 선포됩니다.

1946년 제1차 미소 공동 위원회에 참석한 이승만과
김구. 가장 왼쪽이 이승만, 그 옆이 김구입니다.

1950년 10월 24일 유엔의 날 기념식에서
만세를 부르고 있는 이시영. 당시 대한민국의
부통령이었습니다.

대한민국 임시 정부를 지킨 김구

김구(1876~1949년)는 정치가이자 독립운동가입니다. 호는 백범입니다. 김구는 명성
황후의 원수를 갚고자 일본군 중위 쓰치다를 살해하고 체포되어 사형 선고를 받아요.
하지만 다행히 고종의 특사로 사형을 면합니다. 3·1 운동 이후 김구는 상하이로 망명해
대한민국 임시 정부에 참여해요. 또 1930년에 한국 독립당을 조직하여 독립운동에 온몸을
바칩니다. 그는 이봉창, 윤봉길 등의 의거를 지휘하기도 했습니다.
8·15 광복 후 당시 대한민국 임시 정부의 대표였던 김구는 신탁 통치 반대 운동을
주도하였고, 1948년엔 남한만의 단독 총선거가 국가의 영원한 분단을 가져오리라 판단하고
북한과 정치 회담을 열기도 했어요. 이렇게 평생 나라를 위해 일한 김구는 1949년 6월 육군
포병 소위 안두희에게 암살당하고 맙니다.

서울 남산에 있는 김구 동상
© Jtm71

4 고난의 길

이승만 *독재 정권이 길어지자 국민들의 불만은 최고조에 달했습니다. 걸핏하면 죄 없는 사람들을 잡아갔기 때문에 사회 분위기는 말도 자유롭게 할 수 없는 답답한 상태였습니다. 또 정치인들이 부정부패를 일삼으면서 민심은 언제 터질지 모르는 시한폭탄과 같았습니다. 그러던 중 *종신 집권을 노린 이승만이 또다시 부정 선거를 저질러 대통령에 당선되었습니다.
결국 1960년 4월 19일, 국민들이 들고일어났습니다.

1960년 4월 19일, 서울에서만 수천 명이 다치고 183명이 사망했습니다. 대중도 온몸을 던져 싸웠습니다. 전국적으로 일어난 시위는 걷잡을 수 없을 정도로 확산되었고, 결국 12년간 집권한 이승만과 자유당 정권의 독재는 막을 내렸습니다.
국민의 희생을 대가로 얻은 민주주의의 승리였습니다.
이를 4·19 혁명이라 합니다.

*독재: 특정한 개인이 모든 권력을 차지하여 모든 일을 독단으로 처리하는 것
*종신 집권: 일생을 마칠 때까지 정권을 잡는 것

4·19 혁명 이후 출범한 제2공화국의 국무총리 장면은 대중을 민주당 기획 위원 겸 대변인으로 지명합니다. 이전까지 대변인은 주로 국회 의원이 맡았는데 국회 의원이 아닌 일반인을 대변인으로 임명한 것은 처음 있는 일이었습니다.

제게는 벅찬 자리입니다. 다시 생각해 주십시오.

아닐세. 오래도록 지켜보았는데, 뛰어난 언변을 가진 자네야말로 대변인에 적임자야. 또한 자네만큼 굳은 신념을 지닌 사람도 없다네. 앞으로도 흔들리지 말게.

그렇다면 최선을 다하겠습니다. 감사합니다.

기쁜 소식은 또 있었습니다. 상대 후보로 출마해
당선됐던 민의원이 3·15 부정 선거 사건에 연루되어
의원직을 빼앗긴 것이었습니다.

이게 무슨
짓이야?

김대중 후보를 떨어뜨리기 위해
군인들을 동원해 투표를
조작했다는 게
사실입니까?

사실을 밝혀 주세요!

뭔가 착오가
있는 것입니다.
이만 비켜 주세요!

그럼, 모든 혐의를
부인하시는 겁니까?

비키란 말이야!

마침내 대중은 1961년 5월 14일,
강원도 인제에서 5대 민의원에 당선됩니다.
정치에 뛰어든 지 7년 만에 이룬 성과였습니다.

의원님, 당선을
축하드립니다.

아닙니다. 저를
뽑아 주신 인제
주민께 오히려
감사드립니다.

의원님, 앞으로
바른 정치를 펼쳐 주십시오.
기대하겠습니다.

반드시
보답하겠습니다.

김대중 만세!

대중은 올바른 정치에 목말라 있는 이들을 위해 최선을 다해 일할 것을 다짐했습니다.

내가 이 자리에 설 수 있었던 것은 바로 이 사람들이 나를 믿어 주었기 때문이야.

하지만 대중의 국회 의원 생활은 그리 오래가지 못했습니다.

따르릉!
따르릉!

한밤중에 무슨 전화지?

여보세요?

의원님, 큰일 났습니다!
서울에서 군인들이 *정변을
일으켰습니다!

정, 정변이라니?
그게 무슨 말이오?

정변이란 무력으로 정권을 빼앗는 것을 뜻합니다.
1961년 5월 16일, 당시 육군 소장이었던
박정희는 군사 정변을 일으켜 권력을 잡았습니다.

의원님, 일단 국회에 등록부터
하십시오. 저들이 무슨 짓을
벌일지 모릅니다.
서두르십시오.

*정변: 혁명이나 쿠데타 따위의 비합법적인 수단으로 생긴 정치상의 큰 변동

알겠소, 바로 출발하리다.

박정희와 그가 이끄는 군대는 무능하고
부패한 장면 정부를 몰아내기 위해
자신들이 나선 것이라며 군사 정변을
합리화시켰습니다. 그리고 빠른 속도로
나라의 중요 기관들을 점령했습니다.

나는 괜찮소. 그보다
앞으로가 더 걱정이오.

대중이 나섰을 때는 이미 군대에 의해
국회가 해산된 뒤였습니다.
대중은 7년 만에 얻은 의원직을
겨우 이틀 만에 빼앗기고 말았습니다.

의원님.
어떻게 당선되셨는데…….
모든 것이 물거품이
되었습니다.

*횡령: 공금이나 남의 재물을 불법으로 차지하여 가지는 것
*용공: 공산주의의 주장을 받아들이거나 그 정책에 동조하는 일

3개월이 넘도록 당비 횡령과 용공 혐의에 대한 조사를 벌였지만 이 일은 오히려 대중의 결백만 증명한 셈이 되었습니다. 결국 대중은 무혐의로 풀려나 누명을 벗을 수 있었습니다.

운 좋은 줄 알아!

죄가 없는 사람에게 어찌 운이라 하는가!

그렇게 자만하지 마. 곧 다시 보게 될 테니 말이야.

4·19 혁명으로 얻은 소중한 민주주의는 군화에 짓밟혀 싹도 트기 전에 묻히고 말았습니다. 대중에게는 힘겹고 답답한 날들이 이어졌습니다.

대중이 가장 어려웠던 때, 곁에서 힘이 되어 준 사람이 있었습니다. YMCA 전국 연합회 총무를 맡고 있던 이희호는 대중에게 친구이자 동지였습니다. 서로를 이해하고 존경해 왔던 두 사람은 마침내 결혼에 이르렀습니다. 하지만 결혼한 지 열흘 만에 대중은 반혁명 죄목으로 체포되었고, 그 후 2년간 정치 활동을 금지당했습니다.

1963년, 정치 활동 금지에서 풀려난 대중은 다시 목포로 돌아와 국회 의원에 출마합니다. 목포 시민들은 십 년 만에 돌아온 대중을 따뜻하게 반겨 주었습니다. 시민들의 성원에 힘입어 대중은 제6대 국회 의원에 당선됩니다.

김대중!

축하해요. 드디어 국회에 첫발을 내딛는군요. 부디 큰 뜻을 펼치세요.

올바른 정치를 위해 열심히 뛸게요.

네 번의 선거에서 패하고 당선된 지 이틀 만에 국회 의원직을
박탈당했던 대중은 오로지 의정 활동에만 전념했습니다.
매일같이 국회 도서관을 드나들며 정책을 연구했고
도서관이 문을 닫으면 산더미 같은 자료를 싸 들고
집으로 와서 밤을 새기 일쑤였습니다.

대중은 5시간 넘게 야당 의원을 부당하게 구속하는 것을
반대하는 발언을 하며 세계 최장 시간을 기록해 기네스북에
오르기도 했습니다. 결국 야당 의원에 대한 구속은 처리되지
않았고, 이런 대중의 모습은 국민에게 강한 인상을 남겼습니다.

대중은 언제나 탄탄한 논리를
바탕으로 여당의 문제를
지적하였고, 곧 '말 잘하는
김대중'이라며 사람들의 주목을
받기 시작합니다.

1967년 6월, 전쟁보다 치열한 제7대 국회 의원 선거가 치러졌습니다.
대중은 다시 목포에서 출마했습니다.
당시 군사 정권은 언론을 탄압하고 학문·사상·표현의 자유, 교육권 등
기본적인 국민의 권리를 보장하지 않았습니다. 또한 공포스런 분위기를
만들어 나라에서 진행하는 어떤 일도 절대 비판할 수 없게 했습니다.
정권이 두려웠던 정치인들은 당을 바꾸거나 아예 출마를 하지 않는 등
몸을 사리기에 급급했습니다.

하지만 대중은 달랐습니다.
그는 국민 앞에서 군사 정권의 잘못을
냉철하게 비판하고 따끔하게 꼬집는
용기를 보여 주었습니다.

이 나라는 군인의 것이 아닙니다.
이 나라는 국민의 나라입니다!

박정희 정권은 이 나라의 부정부패를 더 이상 볼 수 없어서 군사 쿠데타를 일으켰다고 했습니다. 하지만 박정희 군사 정권은 오히려 더 많은 부정과 비리를 서슴없이 저지르고 있습니다.

옳소, 옳소!

역시 김대중이야. 박정희를 상대할 수 있는 사람은 김대중밖에 없어.

큰일 날 소리! 누가 듣기라도 하면 어쩌려고 그래? 쥐도 새도 모르게 끌려가고 싶어?

국민은 한결같은 목소리로 군사 정권을 비판하는 대중의 용기 있는 행동에 박수를 보냈습니다. 대중은 제7대 국회 의원으로 당선되었습니다.

김대중!

김대중!

동족의 가슴에 총을 겨누다

하나 6·25 전쟁

다가오는 전쟁의 기운

해방 뒤 한반도에서는 여러 갈래로 흩어진 세력이 의견을 좁히지 못했습니다. 결국 38선을 경계로 각각의 정부가 만들어졌습니다. 서로 다른 정부가 세워지면서 38선 근방에서 분쟁이 자주 일어나긴 했지만, 그때까지만 해도 우리나라가 이렇게 오랜 시간 분단 국가로 남을 것이라고는 생각하지 못했답니다.

북쪽에서 정권을 잡은 김일성은 한반도의 적화 통일(공산주의로 이루어지는 통일)을 위한 준비를 해 나갔습니다. 강력한 군사 기지를 확보하고, 북조선 인민 위원회를 조직했으며, 소련의 지원을 받아 무장하는 등 한반도의 공산화를 위한 체제와 무력을 갖추기 시작했어요. 북한을 지원하던 소련 역시 핵 실험에 성공했고, 중국에서도 공산당이 세력을 잡게 되며 이들의 지위가 높아졌지요. 전세가 유리할 것이라고 판단한 소련은 북한이 전쟁을 시작하는 것에 동의하게 됩니다.

반면 당시 미국은 소련이나 북한이 남한에 대해 전면적인 무력 침공은 일으키지 못할 것으로 낙관하고 있었습니다. 1949년에는 미군을 남한에서 철수했고, 일본 열도의 확보에 더 주력하고 있었습니다.

6·25 전쟁 발발

1950년 6월 25일 새벽 4시경 북한은 위도 38선 전역에 걸쳐 기습 공격을 시작했어요. 우리 민족 최대의 비극 6·25 전쟁은 이렇게 시작되었습니다. 전쟁이 일어난 날이 6월

소련의 지도자였던 이오시프 스탈린은 6·25 전쟁 당시 북한의 남침을 허가했습니다.

평양 만경대에 있는 김일성의 생가. 북한의 지도자였던 김일성은 6·25 전쟁을 일으켰습니다. ⓒ Gilad.rom

25일이어서 '육이오'라고도 합니다.

미처 준비 태세를 갖추지 못한 우리 국군은 북한군의 공격을 막아 내기에 역부족이었습니다. 마침 이날은 북한의 공격에 대비하여 내려졌던 비상 경계령이 해제된 지 이틀 뒤라서 군인의 1/3 이상이 외출 중인 상태였어요. 적에 맞서 싸울 병력이 부족했던 전방 지역은 장병들이 부대로 돌아오기도 전에 붕괴되었습니다. 북한군은 무서운 기세로 전쟁이 시작한 지 3일 만에 수도 서울을 점령했고, 두 달도 채 안 되어 낙동강까지 밀고 내려왔습니다.

전쟁 직후 파괴된 서울의 모습

인천 상륙 작전

전쟁 초기 북한군은 우세한 군사력으로 3일 만에 서울을 점령하는 성과를 거두었지만, 우리 국민은 힘을 모아 북한군에 대항하여 싸웠습니다. 그러는 사이 유엔은 북한의 남침을 불법적인 침략 행위로 규정하고, 남한에 대한 군사 원조를 결의했어요. 미국을 비롯한 16개국이 유엔의 깃발 아래 전투에 참여했고, 이에 힘입어 국군은 공산군을 물리치고 자유를 지킬 수 있었습니다.

미국의 장군 맥아더는 전세를 역전시키기 위해 작전을 세웠습니다. 1950년 9월 15일 오전 6시, 한국과 미국의 연합군이 인천 월미도에 상륙하여 작전 개시 2시간 만에 월미도를 점령했습니다. 이어서 인천을 점령하고, 김포 비행장과 수원까지 되찾음으로써 이 지역을 완전히 손에 넣었습니다. 그리고 26일 정오 중앙청(옛 조선 총독부 건물)에 한국 해병대가 태극기를 달며 작전을 마무리합니다. 이것이 맥아더 장군이 지휘한 인천 상륙 작전입니다. 이 작전의 성공으로 6·25 전쟁의 전세는 뒤바뀌게 되었답니다.

맥아더 장군은 6·25 전쟁 당시 유엔군의 최고 사령관으로 부임. 인천 상륙 작전을 성공시켜 전세를 역전시킵니다.

통합
지식+

미8군의 마크. 미국 제8육군을 흔히
미8군이라고 하는데, 이 부대는 주한 미군의
육군을 지휘하는 조직입니다.

지리산 빨치산 토벌 전시관의 야외 전시관
© sylph58

둘 │ **공산당 유격대 토벌**

1951년 말 유엔군(현재의 유엔 평화 유지군)의 반격으로
호남과 영남 등 국군의 후방 지역에서 활동하고 있던
북한 인민군은 퇴로를 차단당하고 말았습니다. 이들은
유격대(배후에서 적을 공격하는 무장 조직)가 되어 지리산을
중심으로 활동하면서 국군과 유엔군의 보급로를 차단하거나
식량 약탈, 경찰서 습격, 살인, 방화 등을 저질렀어요. 이에
국군과 미8군은 지리산 일대의 유격대를 토벌(무력으로 쳐
없앰)하기 위한 작전을 세웁니다. 작전 사령부는 전라남도
남원에 지휘소를 설치하고 4단계에 걸쳐 유격대 토벌 작전을
벌였습니다.
1단계는 1951년 12월 2일부터 10일까지 지리산의 유격대 거점
공격, 2단계는 12월 30일까지 경남과 전북 지역의 거점 공격,
2단계는 1952년 1월 30일까지 1·2단계의 작전 지역 수색,
마지막 4단계는 잔적을 소탕하는 것이었습니다. 6·25 전쟁
당시 활동했던 공산당 유격대를 다른 말로 '빨치산'이라고도
합니다. 이 토벌 작전의 성공으로 국군과 유엔군은 후방의
안전을 확보하는 동시에 전투력도 강화할 수 있었어요.

셋 │ **전쟁의 결과와 상처**

북한군과 중국공산군, 국군과 유엔군이 첨예하게 대립하는
전쟁이 계속되자, 6·25 전쟁 참전국들은 전쟁을 멈추기로
의견을 모았습니다. 하지만 남북 양측의 의견이 또다시
엇갈리며 협정에만 2년여의 시간이 걸렸고, 그동안 전쟁은
계속되었습니다.
오랜 협정 끝에 결국 1953년 7월 27일 판문점에서
휴전(교전국이 서로 합의하여 전쟁을 얼마 동안 멈추는 일)을
약속하였고, 현재는 정전 상태로 남게 되었습니다.

전쟁은 멈췄지만 3년 1개월 동안이나 계속된
전쟁은 아픈 상처를 남겼습니다. 유엔군과 국군
18만 명이 목숨을 잃었고 남한에서만 99만
명의 민간인이 목숨을 잃거나 다쳤습니다.
북한에서도 군인과 민간인을 포함해서 약
350만 명이 죽거나 다쳤고, 중국군의 피해도
컸습니다.
인명 피해만 큰 것이 아니었습니다. 전쟁으로
인해 많은 집과 공업 시설이 파괴되었고,
국민들은 전쟁의 슬픔을 극복할 새도 없이 삶의
기반을 처음부터 다져야 했답니다.
이외에도 전쟁은 남한의 이승만 정권과 북한의 김일성 정권이
반공, 반미 이데올로기를 토대로 각자의 독재 체제를 굳히게
하는 계기가 되기도 했습니다. 전쟁 이전까지는 대부분의
국민들이 남북한이 언젠가 한 나라가 될 것이라고 생각했지만,
전쟁이 남긴 증오로 통일은 더욱 멀어지게 되었습니다.

6·25 전쟁 당시 버려진 적군의 전차를 살펴보고 있는
미군의 모습. 경북 칠곡군 왜관읍에서 찍은 사진입니다.

who? 지식사전

유엔 평화 유지군

1948년 유엔은 평화 유지군을 만듭니다. 평화 유지군은 분쟁 지역의 갈등을 해소하고, 또
휴전 지역에서 휴전 협정을 잘 지키고 있는지 감시하는 일을 주로 합니다.
1948년 이스라엘 건국을 둘러싸고 일어난 제1차 중동 전쟁 때, UNTSO(국제 연합 휴전
감시단)가 파견되었는데, 이것이 평화 유지군의 시초가 되었습니다. 1950년 6·25 전쟁
때도 평화 유지군이 활동했는데, 미국을 비롯한 16개국이 병력과 장비를 지원하여 전쟁을
수행했습니다. 이후에도 보스니아·소말리아·동티모르 등 여러 분쟁 지역에 유엔 평화
유지군이 파견되었어요. 우리나라는 1993년 소말리아 내전과 2000년 동티모르 사태 때
평화 유지군을 파견했어요.

아프리카의 에리트레아에서
임무 수행 중인 유엔 평화
유지군 ⓒ Dawit Rezene

죽음의 문턱에서 핀 인동초

1970년, 8년 동안 두 차례나 대통령의 자리에 올랐던 박정희는 헌법까지 고쳐서 세 번째로 대통령이 되겠다고 나섰습니다. 대중은 박정희가 1인 독재 국가를 만들려는 것이라고 비판했습니다.

그냥 대놓고 죽을 때까지 대통령할 수 있게 법을 고칠 것이지. 귀찮게 선거는 왜 하려는지 몰라. 쯧쯧⋯⋯.

어허, 누가 들으면 어쩌려고?

이런 말도 못 하면 답답해서 어떻게 살라고!

표현의 자유마저 사라진 그때, 대중은 또다시 박정희를 비판하며 나섰습니다. 군사 정권의 독재에 숨죽이고 있던 국민은 용기 있는 정치가 대중에게 희망을 걸었습니다.

이 땅의 민주주의를 짓밟은 군사 정권을 몰아내고 민주주의를 이뤄야 합니다. 이제 우리 국민의 힘을 보여 줄 때입니다!

박정희와 맞설 수 있는 사람은 김대중뿐이야!

저런 분이 대통령이 되어야 나라가 바로 설 텐데…….

대중은 국민들의 지지에 힘입어 불과 마흔일곱의 나이에 대통령 후보가 되었습니다. 정권 교체와 민주주의를 바라는 국민의 마음이 대중에게 모아졌습니다.

대중이 가는 곳마다 연설을 듣기 위해 수많은 군중이 구름같이 몰려들었습니다. 민주주의를 향한 국민의 바람이었습니다.

그의 뛰어난 연설 솜씨와 그동안 보여 준 용기 있는 행동은 국민의 마음을 사로잡기에 충분했습니다.

해외 언론에서도 박정희 체제에 대항할 수 있는 사람은
김대중뿐이라는 것에 관심을 가지고 지켜보고 있었습니다.
위기를 느낀 박정희 정권은 사람들이 모이는 것을 막기 위해
모든 방법을 동원했습니다. 일요일에도 공무원들을 출근시켰고,
예비군을 소집했으며 서울 시내 일부 극장에서 공짜 영화를 보여 준다고
사람들을 현혹했습니다.
하지만 선거를 며칠 앞둔 1971년 4월 18일, 서울 장충당 공원에는
이른 아침부터 몰려든 사람들로 발 디딜 틈이 없었습니다.
온갖 방해에도 무려 1백만 명이 넘는 사람이 대중의 연설을 듣기 위해
모였습니다. 이날은 한국뿐 아니라 세계에서 찾아보기 힘든
*유세로 기록되었습니다.

국민 여러분!
이 땅의 민주주의를
짓밟은 사람이 누구입니까?
이번에 정권 교체를 하지 못하면
박정희의 영구 집권 시대가 올 것입니다.
앞으로 선거도 없는 독재 시대가
올 것이 확실합니다.

썩은 정치 물러가라!

못 참겠다!

국민 여러분!
박정희는 군사 정변을 일으켜 민주주의를 박살냈습니다.

그것으로도 모자라 이제는 멋대로 헌법까지 고쳐 또 대통령을 하려고 합니다.
여러분, 이대로 당하고만 있겠습니까?

박정희는 물러가라!
공명선거!
3선 반대!

이번 선거에서 그를 심판해 나라의 주인이 국민이라는 사실을 보여 줘야 하지 않겠습니까?

여러분, 국민의 힘을 보여 주십시오!
진정한 민주주의가 무엇인지 알려 주십시오!

*유세: 특정 후보나 정당의 의견을 알리기 위해 돌아다니며 선전하는 활동

지금으로서는 당연한 발언이지만, '우리의 소원은 통일'이라는
노래를 부르는 것도 금지되었던 당시에는 위험하고 충격적인
발언이었습니다.
대중의 통일 정책은 학생들과 일부 지식인들로부터 폭발적인
지지를 얻었지만, 독재 정권은 그를 빨갱이로 몰아붙였습니다.

드디어 투표가 시작되었습니다.
독재 정권은 선거에서 이기기 위해 온갖
부정을 저질렀습니다. 미리 박정희
후보를 찍은 표를 투표함에 넣는가 하면,
죽은 사람의 이름으로 박정희 후보를
찍은 표를 넣기도 했습니다.

개표 부정도 일어났습니다. 대중이 살고 있던 동교동에서는
대중 부부의 표를 포함한 2,700표 정도가 무효
처리되었습니다. 선거 관리 위원회의 도장이
없다는 이유였습니다.

그렇게 해서 박정희는 다시 대통령에 당선되었습니다.
공정하게 선거를 치렀다면 대중이 100만 표 정도
앞섰을 것이라는 이야기도 나왔습니다.

낙심하지 마십시오.
저들은 온갖 부정을
저지르고도 고작
94만 표밖에 앞서지
못했습니다.

맞습니다. 이건 김대중
후보님이 이긴 거나
마찬가지입니다.

저는 실망하지 않습니다.
저를 지지해 준 540만
국민이 계시지 않습니까?

대통령 선거가 끝난 지 한 달 만에
제8대 국회 의원 선거가 시작되었습니다.
대중은 또다시 전국을 누비며
야당 후보의 당선을 도왔습니다.

박정희는 영구 집권을
꿈꾸고 있습니다!
그가 더는 헌법을
고치는 만행을 저지르지
못하도록 저희에게
표를 주십시오!

난 늘 당신 걱정만
시키네요.

아니에요.
당신 차는 정면충돌을
피했지만 뒤따라오던
택시 한 대가 트럭과
부딪혀 산산조각이
났대요. 세 명이
그 자리에서 죽었고요.

세상에······.

그런데······.
그 트럭의 주인이
여당과 관계 있는
사람이래요.

뭐라고요?

하지만 사건을 맡았던 검사가 바뀌면서 이 사고는 단순 교통사고로 처리되었고, 언론에는 전혀 보도가 되지 않아 국민들은 대중의 사고를 알지 못했습니다.
대중은 이 사고로 평생 동안 다리를 절게 되었습니다.

이듬해 대중은 사고로 인한 다리 통증을 치료하기 위해 일본으로 건너갔습니다.

대중이 일본에 있는 동안 국내에서는 엄청난 일이 벌어졌습니다.
10월 17일, 박정희는 중대 발표를 했습니다.

친애하는 국민 여러분!
나는 우리 조국의 평화와 통일을 바라는 국민 모두의 염원을 받들어 나의 중대한 결심을 국민 여러분 앞에 밝히는 바입니다.

이른바 *10월 유신이었습니다.
박정희는 대통령 특별 선언을 통해 국회를
해산하고 전국에 *계엄령을 선포했습니다.

유신 헌법에 따르면
대통령 선출도 국민의 직접
투표가 아닌 특별히 뽑힌
사람들로 이루어진 조직에서
이루어졌습니다.

박정희 본인이
영원히 대통령의 자리에
있겠다는 말과
무엇이 다르단 말인가!

대중은 국가 비상사태가 거짓임을
눈치챘습니다. 박정희 대통령이
장기 집권을 위해 꾸민 일임을
알아챈 것입니다.

이렇게 대한민국의
민주주의는 영원히
사라져 버리는 것인가?

이대로 두고 볼 수는 없어.
정치 활동이 금지된 서울에
가느니 차라리 이곳에 남아서
다른 방법으로 싸우자.

* 10월 유신: 1972년 10월 17일 대통령 박정희가 장기 집권을 목적으로 일으킨 비상조치
* 계엄: 군사적 필요나 사회의 안녕과 질서 유지를 위하여 일정한 지역의 행정권과 사법권의
　　　　전부 또는 일부를 군이 맡아 다스리는 일

대중은 일본에 남아 유신 반대 성명을 발표합니다.
대중은 해외 동포들과 국제 사회에 독재 정권의 음모를 알리고
미국과 일본을 오가며 민주화 투쟁을 벌여 나갔습니다.
외국의 정치인들도 그를 도왔습니다. 그로 인해 한국의 상황이
세계에 알려지게 되었고 외신 기자들과 많은 외국인은 대중을
'한국 민주주의의 희망'이라 불렀습니다.

박정희 대통령의
이번 조치는
민주주의를
파괴하는
행위입니다.

이승만 독재 정권이 4 · 19 혁명으로
무너진 것처럼 박정희 정권
또한 머지않아 국민으로부터
엄한 심판을 받게 될 것입니다.

박정희 독재 정권은 그런 대중을 눈엣가시로 생각하고
있었습니다. 그리고 1973년 8월 8일, 대중은 도쿄에서
박정희 반대 집회에 참가하기 위해 호텔에 머무르던 중
괴한들에게 납치되었습니다.

이게 무슨
짓이오?

조용히 해!
순순히 따라와!

후에 납치 사건이 국제 사회에 알려지면서 대중은 납치된 지 129시간 만에 서울 동교동 자택 부근에서 풀려났습니다. 대중의 납치 사건에 한국 대사관의 서기관이 관련된 사실이 밝혀졌습니다.

대낮에 일본 도심 한가운데에서 대통령 후보가 납치되다니!

그 후 대중은 경찰의 감시 아래 *가택 연금에 놓이게 되었습니다.

대중을 지지하는 사람들이 늘어나는 것을 못마땅해 하던 독재 정권이 대중을 구속할 마땅한 구실을 찾지 못하자 결국 그를 집에 가둔 것이었습니다. 아내와 자녀 외에는 아무도 출입이 허용되지 않았습니다.

힘들고 답답한 날들이 계속되었습니다. 대중은 이 상황을 이겨 내기 위해 노력했습니다.

여보, 그 옷차림은 뭐예요?

보면 모르겠어요? 출근하려 하잖아요.

*가택 연금: 외부와의 접촉을 제한·감시하고 집 밖으로 외출을 허락하지 않는 것

네? 출근이라뇨? 집 안팎을 경찰들이 에워싸고 있는데, 무슨 수로 출근을 한다는 거예요?

꼭 대문 밖을 나서야만 일을 할 수 있는 건 아니잖아요? 난 지금 안방에서 서재로 출근하는 거예요.

실은 집에만 갇혀 있으니 답답하기도 하고 게을러지는 것 같아 규칙적인 생활을 하기로 마음먹었어요.

잘 생각했어요, 여보. 풀려날 때까지 희망을 잃지 말아요.

그날부터 대중은 매일 아침이면 양복을 입고 넥타이를 맨 채 건넌방에 있는 서재로 출근해 저녁이면 안방으로 퇴근하는 생활을 계속했습니다.

그러던 어느 날, 고향에 계신 아버지가 위독하다는 연락이 왔습니다.

제발 부탁이오! 아버지가 돌아가시기 전에 한 번만이라도 뵐 수 있게 해 주시오.

안 됩니다. 당신은 지금 가택 연금 중이라는 사실을 잊지 마시오!

입장을 바꿔서 생각해 보시오. 당신들도 부모님이 계실 것 아니오? 제발 좀 내보내 주시오.

우리는 지시에 따를 뿐이오. 그런 요구는 들어줄 수 없소.

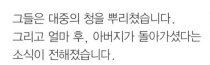

그들은 대중의 청을 뿌리쳤습니다. 그리고 얼마 후, 아버지가 돌아가셨다는 소식이 전해졌습니다.

아버지 장례식이라도 다녀오겠소. 보내 주시오.

하지만 독재 정권은 이마저도 허락지 않았습니다. 대중은 결국 집에 갇힌 채로 아버지께 마지막 인사를 올렸습니다.

아버지, 이 불효자식을
용서해 주세요! 흑흑흑…….

독재 정권의 횡포는 날이 갈수록 심해졌습니다.
1974년 초, 군부는 긴급 조치를 선포하여
유신 반대 운동에 대한 억압을 강화했습니다.

김대중 선생 불법감금 해제하라

그러자 독재 정권 퇴진과 유신 헌법 철폐를 요구하는
학생들의 시위는 격렬해졌습니다.
1976년 3월 1일, 대중과 지식인들은 뜻을 모아
민주화를 바라는 선언문을 선포했습니다.

대중은 이 사건으로 징역을
선고받아 2년 9개월 동안
교도소에 수감되었습니다.

하지만 민주화의 불길은 커져 갔습니다.
독재 정권은 성난 민심에 쫓겨 궁지에
몰렸습니다. 결국 1979년 10월 26일,
박정희는 자신의 부하인 김재규의 권총에
맞아 17년의 장기 집권을 마감했습니다.

그날 밤, 대중의 집에도 군인들이 들이닥쳤습니다. 권력을 잡은 *신군부는 대중과 관련 있는 사람 모두를 잡아들였습니다.

당신을 내란 음모 죄로 체포한다! 순순히 따라와.

내 발로 걸어갈 테니 걱정 말게.

계엄령 확대와 대중의 체포가 알려지자 5월 18일, 광주에서 시민들이 들고일어났습니다. 계엄군은 무력으로 시민들을 진압했고 수많은 사람이 희생되었습니다. 대중은 '김대중 내란 음모 사건' 혐의를 받고 군사 재판을 받았습니다.

*신군부: 박정희가 주도한 군사 독재가 끝나고 전두환이 주도한 군사 독재 정권. 박정희의 군부 세력과 구분하기 위해 신군부라고 한다.

민주주의를 향한 발걸음

하나   이승만 정부의 독재

1952년, 대한민국 초대 대통령이었던 이승만의 지지도는 많이
낮아져 있었습니다. 하지만 이승만은 다시 집권하기 위해
헌법을 고쳤고, 이를 통해 대통령에 당선될 수 있었습니다.
이후 세 번째 집권을 꿈꾼 이승만 대통령은 '사사오입
개헌'이라는 논리를 앞세워 헌법 개정안을 통과시켰습니다.
당시 헌법은 대통령을 3번 이상 할 수 없도록 규정하고
있었어요. 이승만 정권은 이 규정을 고치기 위해
사사오입(반올림의 옛말) 논리를 적용하여 헌법 개정안을
통과시켰습니다. 대통령을 여러 번 할 수 있게 헌법을
고치려면 일정 수 이상의 찬성표를 얻어야 했는데, 찬성표가
모자라자 반올림을 적용해 찬성표의 수를 높인 것입니다.
이런 방법으로 정권을 유지한 이승만 대통령은 반대파를
반공법(공산당이나 그 뜻을 따르는 행위를 막기 위해 제정된
법) 위반 혐의로 몰아 사형에 처하기도 했어요.

사사오입 개헌에 항의하는 의원들의 모습

who? 지식사전

우리나라의 정당

대한민국의 국회가 열리는 국회
의사당. 국회 의사당은 의회 정치
체제에서 국회 의원들이 입법 활동과
회의를 하는 장소입니다. © frakorea

정당은 공공의 이익을 창출하기 위해 정치적으로 뜻을 같이하는 사람들의 모임으로
정치권력을 얻어 뜻을 이루고자 하는 집단을 말합니다. 한국에서 근대적 의미의
정당 활동이 시작된 것은 1946년 미군정 법령 제55호 '정당에 관한 규칙'이 공포된
때부터입니다. 그 후 제2공화국을 거쳐 1962년 12월 제3공화국에 들어와서 비로소
정당법이 제정되었어요.
현재의 정당법 제2조에서는 정당을 "국민의 이익을 위하여 책임 있는 정치적 주장이나
정책을 추진하고, 공직 선거의 후보자를 추천 또는 지지함으로써 국민의 정치적 의사
형성에 참여함을 목적으로 하는 국민의 자발적 조직"이라고 규정하고 있습니다.

둘 〉 4·19 혁명

이승만의 자유당 정권은 1960년 3월 15일에 실시된 제4대
정·부통령 선거에서 몰래 사전 투표를 하고 투표함을
바꿔치기하는 등 대대적인 부정을 저질렀습니다. 그러자
자유당 정권을 비난하는 시위가 일어났습니다. 시위 도중
최루탄이 눈에 박힌 채 바다에 버려진 김주열 학생의 시체가
발견됐는데, 이 사건을 계기로 전국의 학생들과 시민들이
거리로 쏟아져 나오기 시작했어요.

4·19 혁명은 학생과 시민들이 부정 선거와 독재 정권에 반발하여 시작한 민주 항쟁입니다.

마침내 1960년 4월 19일, 서울의 대학생들은
경무대(청와대의 옛 이름)를 향해 행진했습니다.
이승만 정권은 총으로 학생들을 막았고, 꽃다운
젊은이들이 안타깝게 희생되었어요.
그러자 시위의 불길은 더욱 거세져 고등학생들까지
시위에 참여했습니다. 결국 4월 26일, 이승만은
정·부통령 선거를 다시 치를 것을 약속합니다. 또한
"국민이 원한다면 물러나겠다."라는 말을 남기고
대통령직을 사임합니다. 이후 윤보선이 대통령으로,
장면이 국무총리로 국정을 이끌게 됩니다.

장면 전 국무총리(가운데)와 윤보선 전 대통령(오른쪽)

여당과 야당

뉴스를 볼 때 '여당', 또는 '야당'과 같은 말을 들어본 적 있나요? 여당이란 정당 정치에서 정권을 잡고 있는 정당입니다.
'여'는 '같은 편' 또는 '한패'라는 뜻으로, 여당이란 '정부와 같은 편인 정당'이라는 뜻이에요. 우리나라와 같은 대통령제
국가에서 여당은 대통령이 속한 정당을 말합니다. 영국이나 일본과 같은 국가에서는 더 많은 국회 의원이 있는 당이 여당이
되지요.
야당이란 정당 정치에서 정권을 잡고 있지 않은 정당이에요. '야당'은 '재야 정당'의 준말로, 여당에 대비되는 말입니다.
야당은 여당의 정책을 견제하거나 비판하고, 국민 여론을 환기시켜 정부에서 추진하는 정책의 수정을 주장하기도 합니다.
물론 이것은 여당의 정책에 문제가 있다고 판단할 경우에 해당하는 것입니다. 여당의 정책이 바람직할 경우 야당은 여당과
힘을 모아 국민의 이익을 도모하기도 해요. 그러므로 야당은 여당의 정치적 라이벌이자 동지입니다.

6·25 전쟁 이후 군 세력이 확대되면서, 권력에 욕심을 품은 군부 세력이 나타났습니다. 새롭게 출발한 장면 내각 아래에서 사회의 혼란이 정리되지 않은 때, 1961년 5월 16일 육군 소장 박정희가 중심이 된 군부 세력은 무력으로 제2공화국 정부를 무너뜨리고 정권을 장악합니다. 이를 5·16 군사 정변이라고 해요.

당시 발표된 공약 중 주요 내용은 반공(공산주의에 반대함)을 국시(국가 정책의 기본 방침)의 제일로 삼고 반공 태세를 강화한다는 것이었어요. 또 양심적인 정치인에게 정권을 넘기고 군은 원래의 임무로 복귀한다는 내용도 있었습니다. 하지만 대통령이 된 박정희는 군대로 돌아가지 않았습니다.

1964년에 촬영한 박정희 전 대통령의 모습
© Wegmann, Ludwig

넷 　박정희의 3선 개헌

3선 개헌은 1969년 박정희 대통령이 3번 연속 대통령에 취임할 목적으로 추진한 것입니다.

9월 14일 일요일 새벽 2시, 여당계 의원 122명은 국회 본회의장에서 점거 농성을 하고 있던 야당 의원들을 피하여 국회 제3별관에 모입니다. 이들은 투표 용지에 이름을 적는 투표 방식을 통해 만장일치로 개헌안을 통과시켰어요. 그리고 10월 17일 국민 투표에서 개헌안은 확정되었습니다.

3선 개헌으로 3번까지 대통령을 할 수 있도록 법이 바뀌었습니다. 이후 박정희는 자신의 정권을 유지하기 위해서 대통령직 횟수의 제한을 두지 않고, 간접 선거로 대통령을 뽑을 수 있도록 다시 헌법을 개정합니다.

3선 개헌 반대 연설 중인 김대중의 모습. 박정희 정권은 장기 집권을 위해 헌법을 개정했습니다.

광주 민주화 운동

박정희가 1979년 10월 26일 부하의 손에 살해당한 후
이 틈을 타 1979년 12월 12일 전두환 소장을 중심으로
한 신군부 세력이 정변을 일으켜 정권을 장악합니다.
민주주의를 바랐던 국민들은 또다시 나타난 군사
정권에 반발했어요. 그러나 전두환은 1980년 5월
17일, 김대중을 비롯해 민주화 운동에 앞선 이들을
체포하고 정부의 주요 기관을 장악했습니다.
5월 18일 전라남도 광주에서는 학생과 시민들이
들고 일어났습니다. 전두환은 공수 부대(전투 준비를
갖춘 군인)를 투입해 총칼로 시위대를 진압했고
학생과 시민들은 시민군을 조직해 공수 부대에
대항했습니다. 하지만 시민군은 수백 명의 사망자,
수천 명의 부상자를 남긴 채 10일 만에 진압당하고
맙니다. 이것이 광주 민주화 운동입니다. 전두환은
국민의 희생을 뒤로 한 채 대통령의 자리에 오릅니다.

광주 민주화 운동이 벌어졌던 전남 도청 별관의
현재 모습 ⓒ Kayakorea

광주광역시 망월동에 있는 광주 민주화 운동 묘역
ⓒ Rhythm

who? 지식사전

동학 농민 운동

광복 이후 우리나라에서는 끊임없이 정권의 독재와 부정부패에 맞서는 시민들의
움직임이 있었지요. 조선에도 이와 같은 일이 있었는데, 바로 동학 농민 운동입니다.
동학 농민 운동은 1894년(고종 31년) 농민 중심의 동학교도들이 부패한 권력에
대항하여 일으킨 항쟁입니다.
동학은 19세기 중엽 최제우가 세상과 백성을 구제하려는 뜻으로 창시한 민족
종교입니다. 동학은 '사람이 곧 하늘'이라는 인내천 사상으로 힘없는 백성들의 마음을
얻을 수 있었어요. 동학의 세력이 커지자 정부는 최제우를 사형에 처했어요. 이후
전봉준이 동학 농민 운동을 이끌었으나 일본군까지 끌어들인 관군에 밀려 사형을
당합니다. 그의 죽음으로 동학 농민 운동도 1년 만에 막을 내립니다.

잡혀 가는 전봉준(1855~1895년).
동학 농민 운동의 지도자 전봉준은
'녹두장군'이라고도 불렸습니다.

준비된 대통령

6

그의 사형 판결은 세계에 알려졌고,
여론이 들끓었습니다.

세계 곳곳으로부터 '김대중의 사형을 취소하라'는
압력이 들어왔습니다. 언론에는 한국 정부를
비난하는 글이 빗발쳤습니다.

언론들은 실시간으로 뉴스를 전했고
세계 정치 지도자들은 한국 군부를
비난했습니다.

민주화의 상징인 김대중을 구하기 위해 국내외 유명 인사들과 세계 언론들, 민주 국가들의 압력이 거세져 갔습니다.
미국의 레이건 대통령은 대중의 사형을 취소하면 전두환을 국가 원수로 인정하고 미국으로 초청하여 정상 회담을 열겠다는 조건까지 걸었습니다.

독일 사민당의 빌리 브란트 총재는 김대중 구명 동의안을 총회에서 통과시켰습니다.
해외 민주화 운동 인사와 단체들은 각종 시위, 집회 및 언론 활동을 통해 김대중 구명 운동을 펼쳤습니다.

결국 사형은 무기 징역으로 감형되었고, 대중은 청주 교도소로 옮겨져 추운 겨울을 비좁고 어두침침한 독방에 갇혀 지냈습니다.

대중은 대부분의 시간을 가족들에게 편지를 쓰거나 책을 읽으며 보냈습니다.
대중은 교도소에서 다방면의 책을 읽었습니다.

편지는 한 달에 한 번, 엽서 한 장에만 쓸 수 있었기 때문에 글자를 작게 쓰는 노력을 했습니다. 나중에는 기술이 늘어 엽서 한 장에 무려 1만4000자를 쓰기도 했는데, 대중이 쓴 29통의 편지는 후에 책으로 묶여 나왔습니다.

날마다 점심시간이 끝나면 한 시간 정도 운동 시간이 주어졌는데 대중은 그때 꽃을 가꾸었습니다.

처음엔 옆에서 구경만 하던 교도관들도 차츰 대중을 도와 꽃에 물을 주고 관심을 보였습니다.

너희는 참 정직하구나. 물을 준 만큼 자라고, 가꿀수록 건강해지니 말이다.

이 꽃들은 왜 이리 시든 거지? 애들아, 내 정성에 보답해 주렴. 나는 최선을 다하고 있단다.

그럼, 건강이
회복될 때까지라도
그렇게 합시다.

1982년 12월 23일, 대중을 비롯한 가족 모두
미국행 비행기에 탑승했습니다. 세계의 여러
나라가 전두환 대통령을 압박하여 가능했던
일이었습니다.

대중은 미국에서도 나라가 걱정되어
가만히 있지 못했습니다.

'한국 인권 문제 연구소'를 설립하여 교포들과
함께 조직적인 민주화 운동을 펼쳤습니다.
또 자신이 필요한 곳이면 어디든 달려가
연설하고 한국의 안타까운 상황을 알렸습니다.

여기서는
한계가 있어.
어떻게든 조국에
돌아가야 해.

곧 총선이 다가올 텐데…….
나의 귀국이 총선에 도움이
된다면 돌아가야 해.
동지들의 바람을
저버릴 수는 없어.

대중은 2년 만에 다시 고국으로 돌아가기로 결심했습니다. 하지만 사람들은 그의 귀국을 만류했습니다. 전두환 정권이 그를 가만 놔두지 않을 것이라는 이유에서였습니다. 대중의 귀국은 목숨을 건 도전이었습니다.

선생님, 지금 귀국하시면 선생님의 안전은 보장할 수 없습니다.

그들이 다시 또 감옥에 가두려고 할 거예요.

지금은 시기가 좋지 않아요. 조금 더 지켜보신 후에 결정하시죠.

죽더라도 조국에서 죽겠소. 이것이 내 결론이오.

내가 있을 곳은 조국이고, 내가 싸워야 할 곳도 조국이오.

대중의 결심은 단호했습니다.
그러자 그의 신변을 보호하기 위해
정치인, 기업가, 목사 등 스무 명이 넘는
해외 인사들이 동행하기를 원했습니다.

선생님의 뜻이
그러시다면 저희가
동행하겠습니다.
뿌리치지
마십시오.

보잘것없는 저를 이렇게까지
신경 써 주셔서 감사합니다.

무슨 말씀입니까?
선생님은 세계가 인정한
민주주의의 희망이십니다.

마침내 1985년 2월 8일,
대중은 한국으로 돌아왔습니다.

그가 돌아온 뒤, 민주화의 열기는 더욱 달아올랐습니다.

대중은 민주주의를 갈망하는 국민에게 크나큰 힘이 되었습니다. 대중은 매일같이 시위대와 함께 '*대통령 직선제'를 외쳤습니다.

독재 정권 타도!

무, 무슨 냄새지?

최루탄이다!

해산하십시오! 해산하지 않으면 전부 연행하겠습니다!

대학생에게서 시작된 시위는 일반 시민들로 퍼져 갔습니다. 독재 정권은 어떻게든 시위를 잠재우려 했지만 전국 곳곳에서 시위의 물결은 더욱 거세졌습니다.

도와주세요! 여기 사람이 최루탄을 맞고 쓰러졌습니다!

*대통령 직선제: 국민이 직접 투표에 참여해 대통령을 선출하는 것

시위는 갈수록 거세졌고, 연세대생 이한열 군이
최루탄에 맞아 사망하는 사건이 발생했습니다.

국민의 분노는 하늘을 찌를 듯했습니다.
전국에서 150만 명이 시위에 참여했고
전두환 정권은 엄청난 위기를 느꼈습니다.

독재 정권은 물러가라!
민주주의 지켜 내자!
대통령을 직접 선거로 뽑아라!

당시에는 허수아비 같은 대리인들이
대통령을 뽑는 대통령 간선제가 시행되어
국민들은 정치에 참여할 기회조차 빼앗긴
상황이었습니다.

1987년 6월 29일, 국민의 힘에 눌려
6 · 29 선언이 발표되었습니다. 정부는
국민들의 민주화와 직선제 개헌 요구를
받아들여 대통령 직선제 개헌과
대중의 사면과 복권을 선언했습니다.

국민의 요구를 받아들여 대통령 직선제와 김대중을 비롯한 민주 인사들이 정치 활동을 다시 할 수 있도록 허가합니다.

마침내 1987년 6월 29일, 독재 정권은 손을 들고 말았습니다. 이로써 모든 권력은 국민으로부터 나온다는 국민 주권 시대가 열렸습니다.

만세, 만세! 민주주의 만세!

김대중 만세!

그해, 대중은 대통령 후보로 나서게 됩니다. 국민들은 이번에야말로 독재를 끝내고 민주주의를 이뤄 내겠다는 희망으로 들떠 있었습니다.

하지만 승리는 여당의 노태우 후보에게 돌아갔습니다. 여당은 노태우 후보 한 명인데 비해 야당은 김대중, 김영삼, 김종필 세 사람이 출마하는 바람에 야당의 표가 갈려 노태우 후보가 당선되었던 것입니다.

양보하지 않은 나의 고집이 실패를 가져온 거야.

내가 먼저 양보해서라도 국민들의 뜻을 하나로 모았어야 했는데…….

1992년 대중은 생애 세 번째로 대통령 후보로 출마했지만 또다시 패배했습니다.

대중은 겸허한 자세로 결과를 받아들였습니다. 그리고 큰 결심을 했습니다.

대중은 그 길로 정계를 은퇴하고 영국의 케임브리지로 떠났습니다.

대중은 이곳에 있는 유명한 대학원에 들어가 그동안 하지 못했던 공부를 하고, 유럽 각지를 여행하며 지냈습니다.

그러다 통일된 독일의 모습을 지켜보며 남은 생에서 해야 할 일을 찾았습니다.

독일에서 무너진 장벽을 보고 깨달음을 얻은 대중은 통일이라는 민족 과제에 남은 생을 바칠 것을 결심했습니다.

남한과 북한을 가로막은 장벽도 이렇게 허물어야 할 텐데…….

분단은 반드시 극복해야 할 우리 민족의 과제야. 이해와 협력을 통한 통일을 이룰 때까지 많은 준비와 노력이 필요해.

대중은 영국으로 떠난 지 6개월 만인 1993년 7월, 다시 한국으로 돌아왔습니다.

그는 이듬해 1월, '아시아 태평양 평화 재단'을 설립했습니다. 한반도의 평화와 민주 발전을 실현하기 위한 뜻을 모아 만든 곳이었습니다.

그 무렵 한반도에는 북한의 핵 문제라는 거대한 회오리바람이 몰아쳤습니다. 미국은 북한에 핵무기가 있는지 조사를 하겠다고 했지만 북한은 간섭하지 말라며 이를 거절했습니다.

북한은 미국의 경고를 무시하고 핵 개발을 계속했고 미국은 핵 시설에 대한 공격을 준비했습니다.

이거 원, 불안해서 살 수가 있나……

그는 당장 미국으로 향했습니다. 미국 정부는 대중의 제안을 받아들여 지미 카터 전 미국 대통령을 북한에 특사로 보냈습니다.

카터 전 대통령은 대화를 통해 실은 북한이 진짜 전쟁을 원하는 것은 아니라는 점을 알게 되었고, 성공적으로 협상을 이끌어 냈습니다. 사람들은 이번 일을 겪으며 더욱 대중을 신뢰하게 되었습니다.

선생님, 마지막으로 한 번만 더 나서 주십시오.

국민을 위해서 다시 정치를 해 주십시오.

나는 이미 정치를 떠난 몸이네.

선생님이 아니면 이 나라를 다시 일으킬 분이 없습니다.

국민의 바람을 외면할 수는 없지.
내겐 오랜 세월 갈고 닦은 정책들이 있고
열정이 남아 있어.
그래, 마지막으로 국민들을 위해
봉사하는 거야!

대중은 다시 정치에 발을
내디뎠습니다.

그리고 '준비된 대통령'이라는 구호 아래 대통령
선거에 도전했습니다. 1997년 12월 18일, 마침내
대중은 대한민국 제15대 대통령에 당선됩니다.

김대중!

김대중!

대통령 김대중!

이는 아시아 최초로 여당과 야당이
평화적으로 정권 교체를 이룬 역사적인
사건이었습니다. 이제 대한민국은
아시아의 민주주의를 이끄는 나라로
평가받게 되었습니다.

통일을 위한 노력

한반도의 군사 분계선. 붉은색으로 표시된 지역이 비무장 지대(DMZ)이고, 검은 선이 휴전선(MDL)입니다. ⓒ Kokiri

하나   1950년대, 굳어진 분단 체제

이승만 정권은 반공과 북진 통일론을 내세우며 자신을 반대하는 정치 세력이나 통일 세력을 제거했습니다. 남북 간 협상을 통해 평화 통일을 시도했던 김구가 암살당한 일이 대표적인 사건입니다.

6·25 전쟁으로 남한과 북한의 분단이 굳어진 이후 1954년 4월 스위스의 제네바 회담에서 남북한은 처음으로 접촉하게 됩니다. 회담에서 한국 대표인 변영태 외무 장관은 줄곧 유엔 감시 하의 남북 자유 총선거를 주장했어요. 그러나 유엔군 완전 철수가 우선이라는 북한과 의견을 좁히지 못해 회담은 깨지고 말았습니다. 이후 이승만 대통령은 반공을 더욱 강조했고, 결국 분단 체제는 더욱 굳어졌습니다.

서울 청계천 8가에 있는 전태일의 흉상. 1970년 11월 13일, 청계천 평화 시장 노동자였던 전태일은 노동자의 인권을 위해 분신하여 목숨을 끊었습니다. ⓒ dalgial

둘   1960년대, 선 건설 후 통일

반공을 제일의 국시로 내세운 박정희 정권은 공산주의와 대결하여 승리할 토대를 쌓기 위해 먼저 경제 발전을 이루고 통일은 뒷날로 미루자며 '선 건설 후 통일'을 내세웠습니다. 이 시기 우리나라는 엄청난 경제 발전을 이루게 되었습니다. 하지만 이에 따른 부작용도 있었습니다. 자본가와 독재 권력은 노동자와 민중의 인권을 짓밟기 일쑤였지요. 노동자 전태일의 분신 사건, 광주 대단지 빈민 폭동 등 곳곳에서 정권을 뒤흔드는 일들이 일어났습니다. 또한 분단 체제를 유지하여 기득권을 누리려는 세력과 분단을 허물려는 통일 세력의 대립도 더욱 날카로워졌습니다.

셋 1970년대, 7 · 4 남북 공동 성명

1970년대 초 나라 안팎의 정세가 급변하자 박정희 정권은
큰 위기에 빠집니다. 국제적으로는 미국이 월남전에서
패배하며 소련과의 대립이 약해졌어요. 북한은 물리쳐야
할 적이며, 그들을 이기기 위해서는 남한이 뭉쳐야 한다는
논리로 정권을 유지해 온 박정희 정권의 사상 기반이 크게
흔들렸지요. 또 내부적으로는 민중에게 희생만을 강요했던
경제 개발 정책의 모순이 터져 나오기 시작했습니다.
박정희는 다시 한번 독재 체제를 강화할 수
있는 돌파구를 마련했는데, 바로 '7 · 4 남북 공동
성명'이었습니다. 1972년 7월 4일 남한과 북한은 '자주,
평화, 민족 대단결'이라는 조국 통일의 3대 원칙을
세웁니다. 미국이나 소련과 같은 외세의 개입이 없는
자주 통일과 무력 통일이 아닌 평화 통일을 원칙으로 삼은
것에는 무척 큰 의미가 있답니다. 하지만 그 뒤로도 남북
모두 이것을 무시하며 서로의 체제 강화에만 힘썼습니다.
그 결과 남북한의 갈등은 계속되었습니다.

월남전 당시 미군. 미국이 월남전에서 패배한 이후.
미국과 소련은 서로의 체제를 인정하며 대립을
줄여 나가게 됩니다.

남북 분단의 상징인 판문점. 군사 분계선에 걸쳐
있는 판문점은 7 · 4 남북 공동 성명이 이루어진
곳입니다.

who? 지식사전

10월 유신

1972년 10월 17일, 박정희는 비상 조치를 발표합니다. 그리고 영구 집권을 위한 유신 체제 구축에 박차를 가합니다.
유신이란 본래 낡은 제도를 고쳐 새롭게 한다는 뜻인데, 박정희는 지금까지의 모든 민주주의 제도를 '유신'이란 이름 아래
바꾸어 버렸습니다. 대통령 직접 선거가 지나치게 낭비가 많다는 이유로 소수 선거인단에 의한 간접 선거를 채택합니다.
국민에게서 대통령 투표권을 빼앗은 것입니다. 또 언론을 탄압하고, 의회의 권한을 제한하고, 무고한 민간인을 학살하는
일까지 저지릅니다.
박정희 정권은 북한과의 평화 통일을 이룩해야 하지만, 우리 사회가 무질서하고 힘이 없기 때문에 유신 체제가 필요하다고
주장했습니다. 그러나 이것은 독재 권력을 유지하기 위한 변명일 뿐이었습니다. 박정희의 유신 체제는 1979년 10월 26일
부하 김재규의 총탄에 의해 막을 내렸습니다.

넷　**1980년대, 이산가족 찾기 방송**

이산가족 찾기 방송을 했던 KBS 방송국
ⓒ KBS

6·25 전쟁은 많은 이산가족을 낳았습니다. 이산가족이란 서로 흩어진 채 소식도 모르고 사는 가족을 말합니다. 휴전이 이루어져 한반도가 남북으로 갈라지면서 남북한을 합해 약 1,000만 명의 이산가족이 생겼어요. 이들 중 중국에 약 200만 명, 또 러시아에 약 40만 명의 교포가 살고 있는 것으로 추정되고 있어요. 방송 기간 동안 가족을 찾기 위해 방송국에 온 이산가족만 5만여 명에 달했습니다.

1983년 6월 30일 밤 10시 15분, 텔레비전에서 이산가족 찾기 방송이 시작되었습니다. 방송은 그해 11월 14일까지 이어졌는데, 그 결과 1만 180여 이산가족이 서로 만나게 되었습니다.

방송을 통해 이산가족 문제가 알려지면서 남북에 떨어져 있어 만날 수 없는 이산가족을 찾기 위한 움직임도 있었습니다. 당시의 성과는 미미했지만 이후 김대중 대통령 시절 있었던 6·15 남북 공동 선언의 성과로 많은 이산가족이 만났으며, 지금까지도 꾸준히 이산가족 상봉이 이루어지고 있어요. 이산가족 찾기는 통일을 앞둔 우리 민족의 여전한 숙제입니다.

2010년 10월 1일 북한의 개성에서 열린 이산가족 상봉을 위한 남북 대화. 이 만남에서 남과 북은 이산가족 100가족의 만남을 추진하기로 합의했습니다.

who? 지식사전

남북 공동 선언을 발표하는 두 정상의 모습

6·15 남북 공동 선언

2000년 6월 13일 한국의 김대중 대통령이 북한을 방문해 김정일 국방 위원장을 만났습니다. 두 정상은 6월 14일 오후 3시부터 북한의 국빈 숙소인 백화원 영빈관에서 회담을 시작했고, 회담은 3시간 50분 동안 쉬지 않고 이어졌습니다. 그리고 두 정상은 6월 15일에 서로 합의한 내용, 공동 선언을 발표했습니다. 분단 55년 만에 처음 만난 남과 북 두 정상의 공동 선언은 온 나라의 눈과 귀를 집중시켰어요.

다섯 　1990년대 말, 대북 화해 협력 정책

김대중 대통령은 대통령에 당선된 후 대북 화해 협력
정책을 펼쳤어요. 이른바 '햇볕 정책'이라고 하지요.
그동안 대한민국은 북한에 대해 강경책을 주로 써
왔는데, 김대중 정권은 온화한 정책을 선택했습니다.
햇볕 정책이란 이름은 따뜻한 햇볕이 나그네의
외투를 벗게 만드는 이솝 우화에서 따온 것이에요.
햇볕 정책은 남북한 간의 화해와 협력을 위한 기반을
마련했다는 평가를 받습니다. 우선 남과 북 두 정상이
만남으로써 대화의 물꼬를 텄고, 지속적인 이산가족
상봉과 대북 지원을 통해 화해 분위기를 만들었습니다.
또 금강산 관광 사업, 남북 철도 연결 사업 등을 통해
교류의 끈을 이어 갔어요.
반면 부정적인 시각도 있습니다. 남한이 햇볕 정책을
펼치는 중에도 북한은 무력 도발을 그치지 않았고, 또
핵 개발을 강행하기도 했어요. 햇볕 정책은 이러한
북한의 불법적이고 부당한 행위에 효과적으로 대응하지
못했다는 평가를 받기도 합니다.

금강산 세존봉. 햇볕 정책의 결과 금강산 관광의 길이
열렸습니다.

'통일소'를 실은 트럭의 행렬. 김대중 전
대통령의 햇볕 정책으로 현대 기업의 정주영
회장이 북한에 소 1,001마리를 선물합니다.
이 소들을 '통일소'라고 부릅니다.

공동 선언의 내용은 통일 문제의 자주적 해결, 이산가족 문제의 빠른 해결, 경제 협력을 비롯한 남북한 교류의 활성화
등이었습니다. 지난 합의와는 달리 남북은 6 · 15 남북 공동 선언을 구체적으로 행동에 옮기고자 했어요.
그 결과 대대적인 남북 이산가족 상봉이 추진되었고, 남북 장관급 회담을 지속적으로 진행하여 중요한 문제에 대해
양측의 의견을 나누는 등의 성과가 나타났습니다. 개성 공업 지구 설립과 같이 실제적인 경제 협력도 이루어졌습니다.
얼어붙어 있던 남북한의 관계가 눈에 띄게 변한 것이지요.
하지만 이후 북한은 내부적으로 불안한 정치 상황에서 체제를 유지하기 위해 무력 도발과 핵 실험을 멈추지 않았고,
남한의 정권도 바뀌면서 대북 정책은 강경하게 변했습니다. 이에 6 · 15 남북 공동 선언의 영향은 전보다 줄어들게
되었습니다.

7 큰 별이 지다

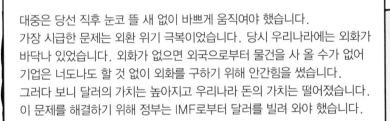

대중은 대통령직에 오르자마자 외환 위기라는 어려운 상황과 맞닥뜨리게 됩니다. 나라의 경제가 어려워지자 1997년 11월 21일 경제 부총리는 IMF(국제 통화 기금)에 200억 달러의 구제 금융을 신청했습니다. 그뿐만 아니라 독재 정권 때부터 이어져 온 낡은 법과 제도, 그리고 수많은 개혁의 과제들이 산더미처럼 쌓여 있었습니다.

대중은 당선 직후 눈코 뜰 새 없이 바쁘게 움직여야 했습니다.
가장 시급한 문제는 외환 위기 극복이었습니다. 당시 우리나라에는 외화가 바닥나 있었습니다. 외화가 없으면 외국으로부터 물건을 사 올 수가 없어 기업은 너도나도 할 것 없이 외화를 구하기 위해 안간힘을 썼습니다.
그러다 보니 달러의 가치는 높아지고 우리나라 돈의 가치는 떨어졌습니다.
이 문제를 해결하기 위해 정부는 IMF로부터 달러를 빌려 와야 했습니다.

1$ = 800 WON   1$ = 1200 WON

그런데 달러를 빌려 오면서 우리나라는 국제 통화 기금으로부터 여러 가지 간섭을 받아야 했습니다.

이러한 문제들을 해결하기 위해서는 하루 빨리 빌려 온 돈을 갚고 당당해져야 했습니다. 정부와 국민은 외환 위기를 극복하기 위해 힘을 모았습니다.

현재 세계적으로 금 시세가 크게 올랐습니다. 외환 위기를 극복하기 위해 '금 모으기 운동'을 펼칩시다.

그리하여 '금 모으기 운동'이 시작되었습니다. 팔순의 노인이 평생 간직해 온 금반지부터 갓난아기의 돌반지까지 각자 사연이 담긴 금이 전국 각지에서 모였습니다.

외국인들은 금을 모으는 우리 국민을 보며 놀라워했습니다. 국민들의 뜨거운 호응에 힘입어 김대중 정부는 빠른 시일에 외환 위기를 극복하게 됩니다. 대중은 이어 부실 기업을 정리하는 등 경제를 개혁하는 데 노력을 기울였습니다.

어느덧 그가 대통령이 된 지도 3년이 지났습니다. 여러 노력 끝에 힘겨웠던 경제 사정이 안정 궤도에 오르자, 대중은 오랫동안 관심을 가져 왔던 남북 문제에 힘을 쏟기 시작했습니다.

대중은 평화와 화합을 바탕으로 한 대북 정책인 햇볕 정책을 주장했습니다. 일부 사람들은 이를 비판하고 나섰지만 대다수의 국민은 햇볕 정책을 지지했습니다.

우리의 목표는 남북한의 사상적인 대립을 없애고 평화를 정착시키는 것입니다.

국민들의 성원에 힘입어 햇볕 정책은 점차 빛을 발하기 시작합니다.
그 시작은 평양에서 열린 남북 정상 회담이었습니다.
소식을 들은 국민들은 박수를 보내왔습니다. 6·25 전쟁 때 북에
고향을 두고 떠나온 사람들은 더욱 환호했습니다.
1998년 6월 16일, 기업인 정주영 회장이 분단 이후 처음으로
소 500마리와 함께 북한을 방문했습니다. 또 분단 이후 최초로 배를 통한
금강산 관광 사업이 시작되었습니다.

드디어 2000년 6월 13일,
분단 55년 만에 남북 정상이
만나는 역사적인 순간이
펼쳐졌습니다.
평양에서 김대중 대통령과
김정일 국방위원장이
만난 것입니다.

대중의 평양 방문 소식은 실시간으로
전 세계에 알려졌습니다.
1999년, 대중은 '아시아에서
가장 영향력 있는 지도자 50인' 중
공동 1위에 선정되었습니다.

아시아에서 가장
영향력 있는 지도자
1위
김대중

그리고 2000년 10월,
민주주의와 인권을 지키고 한반도 평화 정착에 기여한
공로로 21세기 첫 노벨 평화상을 수상했습니다.
대한민국 최초의 노벨상 수상이었습니다.

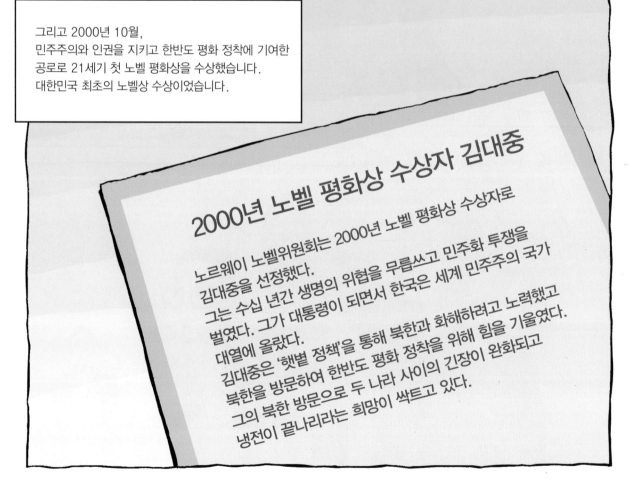

2000년 노벨 평화상 수상자 김대중

노르웨이 노벨위원회는 2000년 노벨 평화상 수상자로
김대중을 선정했다.
그는 수십 년간 생명의 위협을 무릅쓰고 민주화 투쟁을
벌였다. 그가 대통령이 되면서 한국은 세계 민주주의 국가
대열에 올랐다.
김대중은 '햇볕 정책'을 통해 북한과 화해하려고 노력했고
북한을 방문하여 한반도 평화 정착을 위해 힘을 기울였다.
그의 북한 방문으로 두 나라 사이의 긴장이 완화되고
냉전이 끝나리라는 희망이 싹트고 있다.

대중의 노벨 평화상 수상 소식에 온 국민은
기뻐했고, 세계 각국의 전 현직 정상들과
인사들의 축하 메시지도 속속 도착했습니다.

2000년 12월 8일, 김대중 대통령 부부는
노벨 평화상 시상식에 참석하기 위해
노르웨이 오슬로로 향했습니다.

시상식장은 온통 노란 장미, 해바라기 같은
노란 꽃으로 장식되어 있었습니다.
노란 꽃은 김대중 대통령의 햇볕 정책을
상징하는 것이었습니다.

그로부터 2년 뒤인 2003년 2월.
대중은 대통령 자리에서 물러납니다.

많은 업적을 남기고 퇴임한 김대중은 고령임에도
유럽, 중국, 미국, 일본 등에서
몰려드는 많은 강연에 응하며 활발한 활동을 했습니다.

그리고 일정이 없을 때는 집에서
책을 읽는 것으로 하루를 보냈습니다.

또 서재에
계신 거예요?
책은 그만 보시고
산책 좀 하세요.

하지만 교통사고와 수감 생활의 영향으로
대중의 건강은 점차 나빠졌습니다.

참 아름답죠?

당신만 하겠소?
내게는 당신이 가장
아름답구려.

세월 앞에는
장사가 없는걸요.
당신 곁에서 함께한 지도
벌써 40년이 넘었네요.

쿨럭!

여보! 괜찮아요?

괜찮소.

민주주의를 위해 싸우던
시절에는 언제나 청년일
줄만 알았는데…….
나도 세월 앞에서는
어쩔 수 없나 보오.

결국 대중은 폐렴으로 입원해,
병세가 악화되어 2009년 8월 18일,
가족이 지켜보는 가운데 세상을 떠났습니다.

여보!

그의 장례는 *국장으로 치러졌습니다. 국장이 치러지는 내내 그를 사랑하고 존경했던 국민의 추모 행렬이 끝없이 이어졌습니다.

*국장: 나라의 큰 공이 있는 사람이 죽었을 때 국비로 장례를 치르는 일

인동초 김대중. 인동초의 꽃말처럼 그는
독재라는 엄동설한에 얼어붙은 흙을 뚫고
민주주의라는 꽃을 피워 낸 대한민국
민주화의 상징이었습니다.

김대중은 어려운 시대 환경과 권력의 방해로 수없이 많은 고난과
위협을 겪어야 했습니다. 하지만 그는 쉬운 길보다는 험하더라도
올바른 길을 택했고, 죽음의 고비를 넘나들면서도 모든 것을
용서하고 감싸 안았습니다. 이러한 노력에 힘입어 우리나라의
민주주의는 크게 성장했고, 남북한의 관계 역시 개선되었습니다.

숱한 죽음의 위협에도 독재와 타협하지 않고 민주주의를 지켜 낸 파수꾼.
자유와 평등을 실현하기 위해 어떠한 억압에도 굴하지 않고 꿋꿋하게 싸웠던 투사.
55년 분단의 벽을 허물고 남북한의 화해와 협력의 시대를 만들어 낸 평화의 수호자.
우리 민족의 지도자를 넘어 아시아를 대표하고, 더 나아가 세계 평화의 전도사가 된 김대중.
그는 떠났지만 그가 남긴 인권과 민주주의, 평화와 화해의 정신은 역사가 될 것입니다.
그가 지펴 놓은 민주주의의 불꽃이 꺼지지 않도록 이제 우리가 노력해야 할 때입니다.

"나는 민족의 통일 없이는 절대로 진정한 민족의 평화와
번영은 있을 수 없다고 확신해 왔다. 우리는 신라 통일 이후
천 년을 넘게 이어 온 단일 민족의 통일 국가였다. 그러므로
분단의 역사는 실로 찰나에 불과하다."
– 《김대중 자서전》 중에서

who?와 함께라면 미래가 보인다

어린이 진로 탐색

대통령

어린이 친구들 안녕?
김대중 이야기 재미있게 읽었나요?

그렇다면 이제부터
김대중이 꿈을 키워가는 과정을 함께 되짚어 보며
그가 활동한 분야와 그 분야에 속한 다양한 직업에 대해
살펴봐요!

또한 여러분에게는 어떤 장점과 적성, 가능성이
숨어 있는지 찾아보면서
그것을 어떻게 진로와 연결시킬 수 있는지에 대해서도
알아봅시다!

그럼 지금부터
여러분이 멋진 꿈을 향해 나아갈 수 있도록 도와줄
진로 탐색을 시작해 볼까요?

자기 이해부터
진로 체험까지,
다양한 진로 탐색
활동을 시작해 봐요!

진로
탐색
STEP 1

부모님이 가르쳐 주신
교훈에는 무엇이 있나요?

어린 시절, 김대중은 엿장수가 낮잠을 자는 사이에 담뱃대를 훔치고 말았어요.
김대중의 어머니는 아들을 호되게 야단쳤고, 아들을 엿장수에게 데려가 용서를
구하게 했어요. 김대중은 이 일을 통해 옳은 길로 가기 위해서는 용기와 인내가
필요하다는 교훈을 얻게 되었답니다.
여러분도 부모님으로부터 배우게 된 교훈이 있나요? 그 교훈은 무엇이고, 또 어떤
일이 계기가 되었는지 적어 보세요.

부모님이 내게 가르쳐 주신 교훈

그 교훈을 얻은 계기

진로
탐색
STEP 2

어떤 일에 여러 번
도전했던 경험이 있나요?

김대중은 국민이 고통받지 않는 나라를 만들기 위해 정치가가 되기로 결심했어요.
여러 번 실패를 경험했지만 그는 포기하지 않았어요. 대통령 선거에도 네 번이나
도전한 끝에 1997년 당선되었지요.
여러분도 여러 번 계속 도전하고 노력해서 무언가를 해낸 적이 있나요? 그 경험에
대해 적어 보세요.

여러 번 도전했던 일	그 과정에서 느낀 점

대통령 선거에 대해
알아볼까요?

예전에 우리나라 대통령 선거에서는 특정한 후보를 뽑도록 강요하는 일이
벌어지기도 했어요. 또, 군인이 군사 정변을 일으켜서 강제로 대통령 자리를
차지하는 일도 있었지요. 하지만 오늘날 우리나라에는 민주주의가 자리를 잡아
국민이 공정한 선거를 통해 대통령을 뽑고 있답니다. 우리나라 대통령 선거에 대해
조사해 보고 다음 빈칸에 올바른 숫자를 채워 넣어 보세요.

✳ 대통령 선거는 특별한 사건이 일어나지 않는 한 (㉠   )년마다 열린다.

✳ 특별한 일이 없는 한, 투표 시간은 오전 (㉡   )시부터 오후 (㉢   )시까지다.

✳ 대통령이 임기 도중에 사망하거나 탄핵되면 (㉣   )일 안에 선거를 한다.

✳ 만 (㉤   )세 이상이 되어야 선거권을 가진다.

✳ 만 (㉥   )세 이상이 되어야 대통령 선거에 나갈 수 있다.

✳ 대통령 선거에 대해 조사하면서 알게 된 내용 중에 기억에 남는 것이 있다면 적어
보아요.

정답: ㉠ 5 / ㉡ 6 / ㉢ 6 / ㉣ 60 / ㉤ 18 / ㉥ 40

**진로
탐색
STEP 4**

대통령 후보가 되어
선거 포스터를 만들어요!

대통령 선거 후보들은 자신을 알리기 위해 포스터를 제작해 전국 곳곳에 붙이게
된답니다. 포스터에는 후보의 얼굴, 기호, 소속 정당, 후보의 생각을 간단하게 알리는
구호 등이 들어가요. 김대중이 1997년 대통령 선거에서 제작한 포스터에는 '경제를
살립시다!'라는 구호가 적혀 있었어요.

여러분이 대통령 선거에 나가면 어떤 포스터를 제작할지 상상해 보세요. 어떤 표정을
지을지, 어떤 구호를 넣을지 생각하면서 포스터를 꾸며 보세요.

구호: ....

기호 .... 번 ....

평화 통일을 위해
대통령으로서 해야 할 일

우리나라 대통령에게는 다른 나라 대통령들에게는 없는 의무가 주어져요. 그것은
바로 평화 통일의 의무예요. 우리나라 법의 근본이 되는 법인 헌법에 '대통령은
조국의 평화적 통일을 위한 성실한 의무를 진다'라고 적혀 있답니다. 김대중
대통령은 북한과 평화롭게 지내기 위해 많은 노력을 기울였고, 그 공로를 인정받아
노벨 평화상을 받았어요. 여러분이 대통령이 된다면 북한과의 평화를 위해, 나아가
평화 통일을 위해 어떤 일을 할지 생각해 보세요.

✽ **평화 통일을 위해 내가 하고 싶은 일**

•

•

•

•

우리나라 대통령이 일하는 청와대

서울 종로구의 경복궁 뒤편에는 청와대가 있어요. 우리나라 대통령이 살고 있는 곳이죠. 대통령을 비롯해 많은 사람들이 일하고 있는 곳이기도 해요. 청와대라는 이름은 '푸른 기와의 집'이라는 뜻이에요. 청와대는 여러 개의 건물들로 이루어져 있어요. 대통령이 일하는 곳이자 손님들을

맞이하는 곳인 본관, 대규모 회의나 공식 행사를 하는 영빈관, 대통령 비서실이 있는 여민관, 기자 회견을 하는 춘추관, 청와대를 소개하는 영상물을 상영하는 홍보관, 대통령과 그 가족이 생활하는 관저, 역대 대통령들의 기념 식수가 있는 녹지원 등이 있지요.

홈페이지(https://www.opencheongwadae.kr/mps)에서 관람 신청을 하면 누구나 방문할 수 있으며, 청와대에 대한 설명도 들을 수 있습니다. 또한 매달 다양한 전시와 교육도 이루어지고 있어요.

우리나라 현대 역사에 큰 의미를 갖는 청와대는 국민뿐 아니라 외국인 관광객에게도 많은 사랑을 받고 있답니다.

* 다른 나라의 대통령, 또는 정치 지도자는 어디서 일할까요? 책이나 인터넷을 통해 조사한 뒤, 청와대와 다른 점을 비교해 보세요.

김대중

| 1924년 | | 전라남도 신안군 하의면 하의도에서 태어났습니다. 1943년에 일제의 징병을 피하기 위해 1925년 12월 3일로 출생일을 정정합니다. |

1924년 전라남도 신안군 하의면 하의도에서 태어났습니다. 1943년에 일제의 징병을 피하기 위해 1925년 12월 3일로 출생일을 정정합니다.

1933년 9세 서당에서 한학을 배웠습니다.

1970년 12세 목포로 이사하여 목포 제일 보통학교로 전학했습니다.

1945년 21세 차용애와 결혼합니다.

1954년 30세 3대 민의원 선거에서 무소속으로 목포에 출마해 떨어졌습니다.

1959년 35세 제4대 민의원 선출을 위한 강원도 인제 재선거에서 낙선합니다. 부인 차용애가 병으로 사망합니다.

1961년 37세 민주당 대변인으로 임명됩니다. 제5대 민의원 보궐 선거에 출마해 당선되지만 5·16 쿠데타로 이틀 만에 의원직을 빼앗깁니다.

1962년 38세 이희호와 재혼합니다.

1963년 39세 제6대 국회 의원 선거에서 목포에 출마해 당선됩니다.

1971년 47세 제7대 대통령 선거에서 낙선합니다.

1973년 49세 도쿄에서 납치되어 129시간 만에 동교동 자택으로 돌아옵니다. 가택 연금을 당하고 모든 정치 활동을 금지당합니다.

1976년	52세	재야 민주 지도자들과 함께 3·1 민주 구국 선언을 주도합니다.
1977년	53세	대법원에서 징역 5년 형이 확정됩니다.
1980년	56세	신군부의 비상계엄령이 전국으로 확대되면서 내란 음모 혐의로 군사 재판에서 사형 선고를 받습니다.
1981년	57세	사형에서 무기형으로 감형됩니다.
1982년	58세	무기형에서 20년으로 감형됩니다. 형 집행 정지로 석방되어 미국으로 출국합니다.
1987년	63세	제13대 대통령 선거에서 낙선합니다.
1988년	64세	제13대 국회 의원에 당선됩니다.
1992년	68세	제14대 국회 의원에 당선됩니다. 제14대 대통령 선거에서 낙선합니다. 정계 은퇴를 선언합니다.
1995년	71세	정계 복귀를 선언합니다. 새정치국민회의를 창당합니다.
1997년	73세	제15대 대통령에 당선됩니다.
1998년	74세	2월 25일, 대통령에 취임합니다.
2000년	76세	6월 13일, 평양에서 남북 정상 회담을 개최합니다. 12월 10일 노벨 평화상을 수상합니다.
2003년	79세	제15대 대통령에서 퇴임한 후 동교동으로 돌아옵니다.
2009년	85세	8월 18일, 세상을 떠납니다.

찾아
보기